10 Gründe das Buch zu kaufen:

Weil Sie schon immer wissen wollten, warum ...
1. ein Konflikt so schnell außer Kontrolle gerät
2. Konflikte schneller anfangen als aufhören
3. Hilflosigkeit oft mehr hilft als Helfen
4. die Lösung oft zum Problem wird
5. Nachsicht mehr hilft als Einsicht
6. unser Hirn uns so schnell auf falsche Wege führt
7. entweder-oder respektive weder-noch nicht sowohl-als-auch sind
8. der Hund nicht dort begraben ist, wo man meistens meint
9. das mit der Sachlichkeit oft so eine Sache ist
10. Konflikte gelöst werden, die Unterschiede aber bestehen bleiben?

3 Gründe das Buch nicht zu kaufen:

Weil Sie ...
1. keine Konflikte haben
2. bereits wissen, was richtig und falsch ist, wer die Guten und wer die Bösen sind
3. Angst vor Veränderung haben.

Ausführliche Informationen zu weiteren Büchern aus dem Bereich Kommunikation sowie zu jedem unserer lieferbaren und geplanten Bücher finden Sie im Internet unter www.junfermann.de – mit ausführlichem Infotainment-Angebot zum JUNFERMANN-Programm ... mit Newsletter und Original-Seiten-Blick ...

Besuchen Sie auch unsere e-Publishing-Plattform www.active-books.de – mittlerweile weit über 220 Titel im Angebot, mit zahlreichen kostenlosen e-Books zum Kennenlernen dieser innovativen Publikationsmöglichkeit.

Übrigens: Unsere e-Books können Sie leicht auf Ihre Festplatte herunterladen!

Eine Auswahl von e-books bei www.active-books.de

Cora Besser-Siegmund: „Coach Yourself" (kostenlos)
Lothar J. Seiwert: „Zeit-Balance" (kostenlos)
Gisela Blümmert: „Konfliktmanagement mit NLP" (€ 10,00)
Vera F. Birkenbihl: „Der 3-Phasen-Trainer-Plan" (€ 8,50)
Michaela Eggers: „KonfliktBox" (€ 7,00)
Roland Betz: „Konfliktsouveränität – der Konflikt als Chance" (€ 5,50)
Stéphane Etrillard: „Gekonnt gekontert" (€ 5,00)
Eckart Fiolka & Thomas Rückerl: „Moderation in Action" (€ 5,00)
Roland Betz: „Zuhör-Profi werden: Was heißt zuhören können?" (€ 3,00)
Jutta Kreyenberg: „Konflikte erfolgreich bewältigen" (€ 3,00)

Beatrice Conrad, Bernhard Jacob, Philipp Schneider

Konflikt-Transformation

Konflikte werden gelöst – Unterschiede bleiben bestehen

Publizistische Mitarbeit: Manfred Schiefer

Junfermann Verlag • Paderborn
2003

© Junfermannsche Verlagsbuchhandlung, Paderborn 2003

Alle Rechte vorbehalten.
Das Werk einschließlich aller seiner Teile ist urheberrechtlich geschützt. Jede Verwendung außerhalb der engen Grenzen des Urheberrechtsgesetzes ist ohne Zustimmung des Verlages unzulässig und strafbar. Dies gilt insbesondere für Vervielfältigungen, Übersetzungen, Mikroverfilmungen und die Einspeicherung und Verarbeitung in elektronischen Systemen.

Satz: JUNFERMANN Druck & Service, Paderborn

Bibliografische Information der Deutschen Bibliothek
Die Deutsche Bibliothek verzeichnet diese Publikation in der Deutschen Nationalbibliografie; detaillierte bibliografische Daten sind im Internet über http://dnb.ddb.de abrufbar.

ISBN 3-87387-547-0

Inhalt

Hallo und herzlich willkommen! 9

1 Einleitung – Das Konflikt-Transformations-Modell. 11

2 Theoretischer Vordergrund 15
2.1 Was ist ein Konflikt 15
2.2 Definitionen. 16
2.3 Tatsachen haben keine Bedeutung 20
2.4 Konfliktgeschichte neu erzählt 21
2.5 Grundmuster und Affekte bei Entscheidungen. 23
2.6 Beschreiben – Erklären – Bewerten. 25
2.7 Rollen im Konflikt 28
2.8 Spielregeln im Konflikt. 30

3 Das Modell. 33
3.1 Einführung ins Konflikt-Transformations-Modell 33
3.2 Konfliktbaum. 34
3.3 Filterwahl. 38
3.4 Dynamikkreis. 43
3.5 Transformer 46
3.6 Konflikt-Transformation ohne externen Transformer. 50
3.7 Interventionen 51
3.8 Werkzeugkoffer 55
3.9 Ablauf und Vorgehen (Phasen). 63

4	**Blitzlichter**	81
4.1	Blitzlicht zu Phase 3: Einstieg des Transformers	81
4.2	Blitzlichter zu Phase 4: Konfliktdiagnose	84
4.3	Blitzlichter zu Phase 5: Zielfokussierung	89
4.4	Blitzlicht zu Phase 6: Vereinbarungen treffen	95
4.5	Blitzlicht zu Phase 8: Bilanz und Abschluss	97
5	**Theoretischer Hintergrund**	99
5.1	Erkenntnisse der Gehirnforschung	99
5.2	Lernen	103
5.3	Kommunikation	105
5.4	Systemisches Verständnis	110
6	**Anhang/Werkzeuge**	119
6.1	Diagnose-Instrumente	119
6.2	Ablaufübersicht	122
6.3	Kontrollfragen für den Transformer	123
6.4	Checklisten	125
6.5	Fragebogen	131

Hallo und auf Wiedersehen! 133

Literaturhinweise 135
Personen- und Stichwortregister 137
Die Autoren 141

Wir danken allen Kolleginnen und Kollegen, Freundinnen und Freunden
für die Anregungen, kritischen Rückmeldungen und Diskussionen,
den systemischen Pionieren, von denen wir gelernt haben,
und unseren Familien für ihre Geduld.
Ohne sie wäre das Buch nicht zustande gekommen.

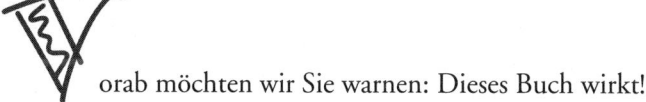

Hallo und herzlich willkommen!

Vorab möchten wir Sie warnen: Dieses Buch wirkt!

Es wird Ihre Sichtweise von Konflikten verändern und – wenn Sie es gelesen haben – Ihre Handlungsfähigkeit in Konflikten erhöhen. Dabei spielt es keine Rolle, ob Sie sich bislang meist als betroffen oder nichtbetroffen, als Gewinner oder Verlierer, als konfliktscheu oder konfliktfähig gesehen haben.

Das Konflikt-Transformations-Modell ist ein Praxismodell. Es ist in unserer jahrelangen Beratungsarbeit mit Konflikten entstanden und basiert auf der konsequenten Umsetzung systemischer Konzepte und des vernetzten Denkens. Wir haben dabei ein bewährtes Vorgehen zur Lösung von Konflikten entwickelt und dazu auch hilfreiche Instrumente entworfen. Diese unterstützen Sie beim Konfliktmanagement nach dem Konflikt-Transformations-Modell.

Unser Buch ist eine Mischung aus Theorie und Praxis. Sie brauchen nicht das gesamte Buch zu lesen, um ein Verständnis für das Modell zu bekommen und mit den Instrumenten arbeiten zu können. Sie können nach Ihren Präferenzen aus den vier Hauptteilen wählen:
→ dem theoretischen Vordergrund,
→ der Darstellung des Modells,
→ den Beispielen aus der Praxis und einem
→ theoretischen Hintergrund über nahe relevante Themen.

Was unterscheidet einen Konflikt von einer Krise? Und ist ein Problem etwas völlig anderes? Wieso sind in Konfliktsituationen so viele Emotionen im Spiel? Diese Fragen werden im theoretischen Vordergrund ebenso beantwortet wie die Fragen, welche Rollen es in einem Konflikt gibt oder welchen Stellenwert die Wahrnehmung und Spielregeln dabei haben.

Im zweiten Teil wird das Konflikt-Transformations-Modell vorgestellt. Zuerst die „Werkzeuge", dann Schritt für Schritt der konkrete Ablauf. Auch mögliche Fallstricke werden beschrieben. Alle Checklisten, die zum Einsatz kommen können, werden aufgeführt. Sie sind im Anhang auch separat zum Gebrauch abgedruckt.

Das Kapitel mit den „Blitzlichtern" ist eine Sammlung von Praxisbeispielen aus verschiedenen Bereichen. Dabei beleuchtet jedes „Blitzlicht" einen anderen Aspekt zu einem anderen Zeitpunkt im Konfliktverlauf.

Der theoretische Hintergrund schließlich gibt einen Überblick über die, für das Modell relevanten Theorien und macht Angaben zu der entsprechenden Literatur.

Sie können auch mit uns Kontakt aufnehmen. Die nötigen Angaben finden Sie am Schluss des Buches. Vielleicht möchten Sie uns Ihre Erfahrungen mit dem Modell oder Kritik, Lob und Anregungen zum Buch mitteilen.

Wir haben das Buch zu dritt geschrieben. Eine Frau und zwei Männer. Das ist aber nicht der Grund für die gewählte „männliche Schriftweise". Für sie haben wir uns entschieden, weil sie uns gewohnter und leichter lesbar scheint.

Aus drucktechnischen Gründen sind alle Abbildungen schwarz-weiß. Die farbigen Versionen finden Sie auf unserer Internetseite www.konflikte.org.

Und nun, seien Sie gewappnet, nach dem Lesen des Buches ist nichts mehr, wie es vorher war (zumindest im Umgang mit Konflikten!). Wir wünschen Ihnen eine spannende Lektüre!

1 Einleitung – *Das Konflikt-Transformations-Modell*

Wir alle sind immer wieder von Konfliktsituationen betroffen. Mit einigen Konflikten können wir ruhig leben, viele können wir auch mehr oder weniger leicht lösen. Doch immer wieder führen Konflikte – egal ob im Familien- oder Freundeskreis, am Arbeitsplatz oder in der Gesellschaft – zu großer Unsicherheit, zu Unzufriedenheit und Resignation, zu Angst oder sogar zu Gewalt.

Auch kleinere Konflikte belasten uns – sei es der Streit mit den Nachbarn über den Standort des neuen Fahrradständers, sei es die Umstrukturierung im Büro. Konflikte müssen gelöst werden, damit wir auf Dauer unser Wohlbefinden erlangen können. Aber auch, weil sie schlichtweg Geld kosten: Mitarbeiter werden in Konfliktsituationen häufiger krank, sprechen die innere Kündigung aus und können ineffizienter arbeiten.

Viele Konflikte werden nicht gelöst, weil ihre Hintergründe und Dynamik nicht beachtet werden. Daher erklärt das Konflikt-Transformations-Modell den Ursprung, die Entstehung und die Dynamik von Konflikten. Dadurch wird das nötige Verständnis für den funktionalen Umgang mit Konflikten möglich.

Konflikte neu betrachtet

Bei der Betrachtung eines Konflikts schaut man in erster Linie auf die Fakten und glaubt, damit auch die Ursachen zu kennen und den Konflikt rasch beheben zu können. Doch damit sieht man weniger als die halbe Wahrheit. Denn Auslöser von Konflikten sind nicht vermeintliche Tatsachen, sondern die damit verbundenen Werte oder Haltungen. Emotionen verstellen die Sicht auf die Sachlage. Bei der Ehescheidung z.B. geht es nur scheinbar um die Aufteilung des Mobiliars, sondern eher um Schuldzuweisungen oder Rache; bei der Zuteilung von Arbeitsplätzen nicht um eine sinnvolle Reorganisation, sondern möglicherweise um Beziehungsfragen, Prestige und Unsicherheiten. Bei den Auseinandersetzungen um den Ausbau eines Flughafens geht es nicht nur um die Lärmbelästigung. Es kann auch um die Angst gehen, im Fall der Ablehnung des Ausbaus seinen Job zu verlieren, es geht wahrscheinlich auch um die Angst vor Abstürzen und Anschlägen, um den drohenden Wertverlust des Eigenheims oder vielleicht auch nur um die Hoffnung, dieses mit Zuschüssen neu zu renovieren.

Im Konfliktfall stehen also nicht die sachlichen Anteile im Blickfeld, es geht vielmehr um Beziehungsklärungen, Wertvorstellungen und Emotionen.

Der Grund für einen Konflikt liegt – grob gesprochen – immer im nichtgeklärten Umgang mit Unterschieden. Natürlich geht es dabei auch um unterschiedliche Auffassungen in Sachfragen. Vor allem geht es aber um unterschiedliche emotionale Bewertungen, die in der Regel mit der Sachfrage an sich nichts zu tun haben. Wie die zahlreichen Beispiele im Buch zeigen, geht es z.B. um alte Rivalitäten, um unterschiedliche kulturelle Bewertungen oder um längst zurückliegende Kränkungen und Machtfragen.

Daher steht im Zentrum des Konflikt-Transformations-Modells der Umgang mit den Unterschieden. Unsere langjährigen Erfahrungen als Berater zeigen, dass der Versuch, bestehende Unterschiede zu verdrängen oder einseitig aufzulösen, oft nicht zur Lösung des Konflikts führt. Im Gegenteil, die meisten Versuche führen erst recht zur Eskalation. Oder sie sorgen dafür, dass der Konflikt trotz der vermeintlichen guten Lösung immer weiter schwelt – und so zur chronischen „Erkrankung" wird. Dementsprechend orientiert sich das Konflikt-Transformations-Modell nicht an den Unterschieden an sich, sondern an ihrer Bewertung unter dem Motto „Konflikte können gelöst werden, Unterschiede bleiben bestehen".

Konfliktgeschichte neu erzählt

Konfliktmanagement mit dem Konflikt-Transformations-Modell bedeutet das Steuern eines Konflikts. Aber nicht ein gradliniges, eindimensionales Steuern, sondern ein Abwägen, Aushandeln und Umsetzen einer von vielen Optionen unter Berücksichtigung ihrer Chancen und Risiken.

Bei der erfolgreichen Arbeit mit dem Konflikt-Transformations-Modell werden in der Auseinandersetzung mehr Faktoren als sonst üblich berücksichtigt. So findet ein Fokuswechsel von angeblich wichtigen, sachlichen Faktoren auf die entscheidenden emotionalen und kulturellen Anteile statt. Dadurch wird das gegenseitige Verständnis der Konfliktparteien gefördert sowie ihre Zusammenarbeit wieder möglich und für die Zukunft verbessert. Zusätzlich wird das Wissen für die Selbsthilfe bei der Lösung neuer konflikthafter Situationen erweitert.

Die Grundlage unseres neu entwickelten Konflikt-Transformations-Modells sind systemisch-konstruktivistische Konzepte und unsere jahrelange Erfahrung in der Konfliktberatung.

Aufgrund unserer praktischen Arbeit unterscheiden wir im Konflikt-Transformations-Modell drei unterschiedliche Arten, denen alle auftretenden Konflikte zugeordnet werden können:

→ *Konflikt der verdeckten Unterschiede,*
→ *Konflikt der offenen Unterschiede,*
→ *Konflikt der balancierten Unterschiede.*

Alle Konfliktarten werden ausführlich erklärt. Dazu erläutern wir die entsprechenden Handlungsmöglichkeiten und unterstützen Sie bei der Konfliktbewältigung mit den notwendigen Diagnoseinstrumenten und Interventionen.

Das Konflikt-Transformations-Modell zeigt Schritt für Schritt den Weg zu einer für alle befriedigenden Lösung: In einem ersten Schritt wird geklärt, wie die Beteiligten mit den bestehenden Unterschieden umgehen. Werden diese polarisiert, betont oder negiert und verdrängt? Welche Rollen werden eingenommen, welchen Anteil haben sachliche, emotionale und kulturelle Fragen? Anschließend werden Ziele und verhandelbare Optionen erarbeitet. Dabei steht nicht die Idee im Vordergrund, die angeblich richtige Lösung zu finden, sondern funktionale Umgangsweisen mit den bestehenden Unterschieden zu ermöglichen. Im Anschluss daran werden die nötigen Vereinbarungen für das konkrete weitere Vorgehen getroffen und die Umsetzung begleitet.

Mit dem Konflikt-Transformations-Modell liefern wir also nicht nur den theoretischen Hintergrund für die Bewertung und den Umgang mit Konflikten, sondern auch eine nützliche Handlungsanleitung für das schrittweise Vorgehen im Konfliktmanagement.

2 Theoretischer Vordergrund

2.1 Was ist ein Konflikt

Konflikte gehören zum Leben, nur tote Organisationen haben keine Konflikte! Daher ist jeder Mensch im Laufe seines Lebens mit zahlreichen Konflikten konfrontiert. Sie sind für ihn meistens negativ besetzt und bedeuten in erster Linie Ärger, Spannungen und Schuldgefühle. Konflikte absorbieren viel Energie und verlangen oft auch große Opfer. Ein erfolgreicher Umgang mit Konflikten kann daher sehr befreiend wirken.

Aber was ist eigentlich ein Konflikt? Und wie entsteht er? Die Voraussetzung für einen Konflikt ist das Vorhandensein von Unterschieden, von verschiedenen unvereinbaren Ansichten. Der Umgang mit Unterschieden gehört zum Alltag jedes Menschen, zu jedem menschlichem System. Alle Menschen treffen ständig Entscheidungen zwischen Alternativen – individuell und interaktiv – und gestalten damit den Alltag und ihre Beziehungen.

Wenn der Umgang mit Unterschieden nicht mehr bewältigt werden kann, kommt es zu einem Zusammenprall. Das heißt, widersprüchliche oder unvereinbare Ansichten und Interessen prallen aufeinander. Ob und wie sich die weitere Situation entwickelt, hängt von der Bedeutung ab, die dieser Situation durch die Beteiligten gegeben wird. Je nach Bedeutungsgebung stehen dann die Unterschiede auf einmal nicht mehr nur für die Unterschiede und sachlichen Anteile, sondern sie stehen für Beziehungs-, Kontext- und/oder kulturelle Fragen.

Für einen Konflikt braucht es demnach zwei Elemente, nämlich
→ einen *Zusammenprall* und
→ die entsprechende *Bedeutungsgebung*.

Ohne diese Verknüpfung würde die Situation bloß als Problem oder als schwierige Situation definiert und bewältigt werden. Daher kann die gleiche Ausgangslage einmal als belanglos erledigt werden, ein anderes Mal zum Konflikt führen. Manchmal können die Beteiligten elegant damit umgehen, ein anderes Mal kann es zur Eskalation kommen.

2.2 Definitionen

ok.
(Bedeutungsgebung)

Ein Konflikt (*lat.* Zusammenstoß, Zusamenprall, Zwiespalt) ist der Widerstreit zwischen unvereinbaren Positionen, widersprüchlichen Interessen und sich einander ausschließenden Zielen. Der Konflikt wird bestimmt durch die Art und Weise, wie mit Unterschieden umgegangen wird. Der gewählte Umgang mit Unterschieden – im Transformations-Modell mit Filterwahl bezeichnet – entscheidet den Verlauf des Konflikts. Konflikte können unterschiedlich geprägt sein, und zwar in drei Arten.

Konflikt der verdeckten Unterschiede:

Die Unterschiede werden vermieden und verleugnet. Die Betroffenen funktionieren nach dem Prinzip: „weder – noch", für sie darf es keine Konflikte geben. Konfliktsituationen werden ignoriert und verleugnet. Der Konflikt der verdeckten Unterschiede verlangt, dass individuelle Positionen zurückgestellt werden. Das Negieren der Unterschiede führt zu einer Nichtveränderung und geht auf Kosten der eigenen Bedürfnisse. Es müssen ständig konfliktfreie Nebenschauplätze gesucht werden. Emotional dominiert das Bedürfnis, harmonisch zu funktionieren, und die Überzeugung, dass Konflikte gefährlich sind und daher am besten vermieden werden.

Konflikt der offenen Unterschiede:

Die Unterschiede sind wichtig und werden betont, gemäss der Haltung „entweder – oder". Der Versuch des einseitigen Auflösens oder des bewussten Aufrechterhaltens und Verstärkens der Unterschiede – auf Kosten der anderen – steht im Mittelpunkt. Es wird versucht, die individuelle Position durchzusetzen. Wegen des Widerstands oder der Gegnerschaft entsteht eine Blockierung, die Machtfrage steht explizit im Raum. Es gibt klare Vorstellungen, was richtig und falsch, gut und böse ist. Die Schuldzuweisung ist klar, es geht ums Gewinnen, ums Recht haben. Emotional dominiert das Bedürfnis, sich durchzusetzen, den Konflikt endgültig im eigenen Sinn zu lösen. Gleichzeitig ist die Angst vorhanden, das Gesicht zu verlieren.

Konflikt der balancierten Unterschiede:

Die Unterschiede sind bekannt und werden als verhandelbare Position gesehen. Die Betroffenen akzeptieren verschiedene Meinungen mit einer Haltung von „sowohl – als auch". Was richtig und falsch ist, wird als persönlicher Standpunkt verstanden und kann verhandelt werden. Eine Blockierung oder Nichtveränderung wird daher vermieden. Diese Haltung setzt jedoch das Ertragen von Ambivalenz und Unsicherheit voraus. Emotional dominiert das Bedürfnis, Konflikte als Teil des Lebens zu akzeptieren und zu lernen, damit umzugehen.

Nicht jede Meinungsverschiedenheit, nicht jede Uneinigkeit führt zu einem Konflikt. Viele schwiege Situationen lösen sich von selbst oder können von den Betroffenen bereinigt werden – unabhängig davon, wie intensiv solche Situationen auftreten und wie viele Leute davon betroffen sind. Auch Fehler sind kein Grund für einen Konflikt, der Umgang mit Fehlern kann jedoch schnell zu Konflikten führen. Zu berücksichtigen ist auch das Phänomen, dass mit angeblichen Konflikten und/oder konstruierten Konflikten gut und schnell von eigenen Problemen abgelenkt werden kann. Die nachfolgenden Definitionen zeigen, worin sich solche Situationen von einem Konflikt unterscheiden.

Die schwierige Situation

Eine schwierige Situation ist eine leichte Abweichung von der Normalsituation. Die anstehenden Fragen können von den Betroffenen mit den vorhandenen Mitteln und Erfahrungen, dem eigenen „Werkzeugkasten" selbst gelöst werden. Man traut sich zu, die Situation ohne fremde Hilfe zu lösen, d.h. die Normalsituation wieder herzustellen.

Das Problem

Das Problem ist die negative Differenz zwischen Ist-Zustand und Zielerreichung. Die nötige Leistung zum Erreichen des Ziels kann – im Gegensatz zur schwierigen Situation – mit dem eigenen „Werkzeugkasten" nicht mehr erbracht werden. Die vorhandenen Ressourcen genügen nicht und „mehr-derselben-Lösungen" bringen keine Besserung. Neue Modelle und neue Lösungen sind gefragt, eventuell werden auch zusätzliche Ressourcen benötigt. Nicht alle Probleme sind lösbar.

Die Begriffe Krise und Krisenmanagement werden oft sehr unterschiedlich verwendet. Heute wird sehr schnell und gerne der Begriff Krise verwendet, auch wenn es sich dabei um ein Problem oder um einen Konflikt handelt. Krisen können alle Lebensbereiche betreffen. So wird von persönlichen Krisen, Ehekrisen und sogar Staatskrisen gesprochen. Auch Notsituationen, Katastrophen und Unfälle werden oft als Krise bezeichnet. Meistens werden außergewöhnliche Situationen als Krisen verstanden, die dementsprechend auch außerordentliche Maßnahmen erfordern. Aus

Sicht des Konfliktmanagements ist die Klärung und Abgrenzung zu Problemen und Konflikten von Bedeutung, weil unterschiedliche Lösungsansätze angewendet werden.

Die Krise (griech. Entscheidung, entscheidende Situation)

Aufgrund von Ereignissen funktionieren die bisherigen Muster und Abläufe nicht mehr genügend, und es gibt noch keine neuen Strukturen. Diese noch ungelöste Situation wird als Krise bezeichnet – als ein offener, schwebender Zustand, eine schwierige und entscheidende Situation. Merkmale sind oft starke, instabile Emotionen mit unterschiedlicher Qualität, Überforderung der Beteiligten, Hilflosigkeit und Resignation. Kann die Situation nicht gelöst werden, wird von einem chronischen Zustand gesprochen. Eine Bewältigung der Krise, eine wirkliche Veränderung verlangt Entscheidungen und in diesem Sinn neue, oft noch unbekannte Lösungen. Da diese jedoch nie vollständig steuerbar und kontrollierbar sind, brauchen sie Mut und Risiko. Halbherzige Entscheidungen helfen nicht weiter und verlängern die Krise. Krisen sind Baustellen des Lebens und können – müssen aber nicht – eine Chance sein.

Das verdeutlicht das chinesische Wort für Krise *wei-ji*, das sich aus den Worten für Gefahr und gute Gelegenheit zusammensetzt.

Krisenmanagement

Der Begriff Krisenmanagement wird unterschiedlich verwendet. Meistens werden darunter alle Maßnahmen und die Art verstanden, wie mit einer Krise umgegangen wird. Im Gegensatz zu Methoden wie der Mediation oder dem Coaching geht es beim Krisenmanagement um das aktive Eingreifen und Gestalten des Prozesses. Die Krisenmanager übernehmen also eine aktive Rolle mit folgenden Schwerpunkten:
1. Führung und Gestaltung des Prozesses;
2. schnelle, klare und relevante Entscheide und Interventionen treffen;
3. angepasste Kommunikation und Information;
4. Zulassen und Akzeptieren von Emotionen;
5. Umgang mit schlechten Nachrichten;
6. vertrauensbildendes und lösungsorientiertes Handeln.

Krisenmanager übernehmen demnach die Führung während der Krisenbewältigung. Letztlich muss das Ziel darin bestehen, als Krisenmanager so schnell wie möglich nicht mehr gebraucht zu werden. Es gibt jedoch auch beim Krisenmanagement das Verständnis, dass der Krisenmanager nur das System bzw. die Beteiligten befähigen soll, die nötigen Entscheidungen zur Bewältigung der Krise zu treffen.

Konfliktmanagement

Innere und äußere Konflikte gehören zum Leben und sind meistens lösbar. Oft können kleinere Konflikte auch ungelöst stehen gelassen werden. Andere müssen angegangen und geklärt werden. In einem ersten Schritt stellt sich die Frage nach dem Umgang mit den Unterschieden in der entsprechenden Situation. Welche Unterschiede können nicht mehr bewältigt, nicht mehr gelebt werden? Wie wurden sie bisher gehandhabt, und warum geht es jetzt nicht mehr? Was denkt die jeweilige Partei, und welche Haltung hat die Gegenpartei?

Konfliktmanagement ist das Management der Konfliktlösung.

2.3 Tatsachen haben keine Bedeutung

Die Analyse vom (Konflikt-)Zusammenprall (Konfliktauslöser) und dem nachfolgenden Umgang mit dem Konflikt zeigt rasch, dass sowohl die Konflikte als auch das Konfliktmanagement wenig mit rationalem Denken und Verhalten zu tun haben. Die Handlungen, Erklärungen, Reaktionen und Gegenreaktionen sind emotional gefärbt und oft Ausdruck von Beziehungsklärungen und Machtfragen. In einem Konflikt wird oft spontan und unreflektiert reagiert. Die subjektiv getroffene Wahl für das weitere Vorgehen ist das Resultat von lebenslangen Erfahrungen und Erinnerungen. Trotzdem ist dies keine Garantie dafür, dass der gewählte Weg für den Umgang mit dem Konflikt per se speziell geeignet oder besonders erfolgversprechend ist.

Der Zusammenprall spielt sich vordergründig auf der Sachebene ab, ist letztlich jedoch meistens auf einer emotionalen Beziehungs- oder kontextuellen bzw. kulturellen Werteebene angesiedelt. Geprägt wird der Umgang mit dem Zusammenprall auch durch typische Phänomene, die im Laufe jedes Konfliktes auftreten und diesen wiederum beeinflussen:
→ eine verzerrte, eingeschränkte Wahrnehmung;
→ eine gestörte Kommunikation;
→ fehlendes gegenseitiges Vertrauen;
→ Handlungsunfähigkeit der Beteiligten;
→ starke Beteiligung von Gefühlen.

Wegen der hohen Eigendynamik des Konfliktes und aufgrund der eingeschränkten Wahrnehmung und der gestörten Kommunikation haben die beteiligten Parteien immer das Gefühl, im Recht zu sein und dass Fehler bei den Anderen liegen. Dadurch bestätigen sie laufend die eigenen Positionen und Argumente und damit auch diejenigen der Kontrahenten, was eine Erklärung für die ständigen Eskalationen in einem Konflikt sein kann. Die Bedeutung der sachlichen, emotionalen und kulturellen Anteile werden im Konflikt-Transformations-Modell in den Kapiteln *Konfliktbaum*, *Filterwahl* und *Dynamikkreis* ausführlich beschrieben.

2.4 Konfliktgeschichte neu erzählt

Konfliktmanagement heisst, die Phase nach dem Zusammenprall zu gestalten, und bedeutet das Steuern eines Konfliktes. Darunter wird u.a. das Erkennen, Akzeptieren und Umgehen mit Unterschieden und ein erfolgreicher Umgang mit Emotionen und kulturellen Anteilen verstanden. So muss von den Beteiligten z.B. gelernt und akzeptiert werden, dass gegen die eigenen Gefühle und Überzeugungen Lösungen möglich sind. Daher muss möglicherweise trotz Verletzungen, Hassgefühlen und Trauer, Zielen zugestimmt werden, die konträr zu der eigenen kulturellen Prägung sind.

Der Umgang mit dieser Vielschichtigkeit entscheidet letztlich über die weitere Entwicklung und über den Ausgang eines Konfliktes. Mit einem erfolgreichen Konfliktmanagement wird die Konflikt-Geschichte der Beteiligten neu erzählt. Dadurch lassen sich auch bislang nicht anerkannte, verdrängte und vermeintlich unpassende Faktoren integrieren. Die eigene Position kann dann z.B. relativiert oder das Verhalten der Gegenpartei unter einem anderen Blickwinkel gesehen und sogar verstanden werden. Dadurch werden auf einmal verhandelbare Optionen und damit Lösungen möglich.

> „Die wahre Entdeckung besteht nicht im Finden von neuen Ufern, sondern im Sehen mit anderen Augen." – *Marcel Proust*

Für jeden Konflikt gibt es präzise Analysen und Interventionsmöglichkeiten, doch nicht jeder Konflikt ist zufrieden stellend lösbar. Oder anders ausgedrückt: **Konflikte sind lösbar, Unterschiede bleiben bestehen.**

In diesem Sinne ist eine erfolgreiche Konfliktbewältigung ein neuer Umgang mit Unterschieden, eine Umgestaltung – Transformation – der Ausgangslage.

Diese Transformation umfasst folgende Punkte:

→ Konflikt-Transformation heißt Erkennen, Akzeptieren und Umgehen mit Unterschieden. Erfolgreiche Lösungen müssen einen Unterschied zum bisherigen Umgang mit Unterschieden machen.
→ Konflikt-Transformation heißt, die Dynamik, die Spielregeln und die Merkmale eines Konfliktes zu kennen.
→ Konflikt-Transformation heißt, die Handlungsspielräume und die Rahmenbedingungen zu klären und zu berücksichtigen.
→ Konflikt-Transformation heißt mit Emotionen umzugehen. Die meisten Emotionen sind problemstabilisierend.
→ Konflikt-Transformation heißt, Ziele und Lösungsvorschläge der Betroffenen im Konflikt sind nie harte Tatsachen, sondern verhandelbare Optionen.
→ Konflikt-Transformation heißt, nicht jeder Konflikt ist zufrieden stellend lösbar, und jede Lösung hat ihren Preis sowie neben den erwarteten auch unerwartete Auswirkungen.

2.5 Grundmuster und Affekte bei Entscheidungen

Herausfordernde, schwierige oder überraschende Situationen – dazu zählen besonders auch Konfliktsituationen – verlangen schnelle Reaktionen. Affekte, Emotionen und Reflexe ermöglichen die schnellste Form der Reaktion. Sie basieren auf einer sekundenschnellen Bewertung der Situation.

Die gute Wahrnehmung, d.h. schnelle Reizverarbeitung und Bewertung einer möglicherweise (lebens-)gefährlichen Situation und eine entsprechend schnelle Reaktion sind eine Form der Anpassung an die Umwelt, die sich im Laufe der Evolution entwickelt hat. Unsere Vorfahren waren zum Überleben auf ihre schnelle und gute Wahrnehmung und Handlungsfähigkeit angewiesen. In Bruchteilen von Sekunden mussten sie entscheiden, ob sie angreifen oder flüchten sollten. Eine Fehlentscheidung konnte sie rasch das Leben kosten.

Begegnete unser Vorfahre einem Tier, war es für ihn lebenswichtig, schnell zu entscheiden, ob dieses Tier zu den „guten" oder „bösen" zählt, d.h., ob es sich um einen Hasen oder einen Säbelzahntiger handelt. War es ein Säbelzahntiger, d.h. ein „böses", für ihn gefährliches Tier, war für ihn im zweiten Schritt elementar, ob es ein junges, kleines und noch tollpatschiges Tier, ein altersschwaches, graues und zahnloses oder aber ein muskulöses, ausgewachsenes Tier ist. Und schließlich war es wichtig zu wissen: Ist das Tier aktiv oder passiv? Schläft der Säbelzahntiger friedlich oder nähert er sich hungrig auf der Suche nach Nahrung?

Diese Reaktionsweisen haben die Menschen geprägt. Untersuchungen (z.B. von C.E. Osgood et al.) zeigen, dass offenbar alle Menschen kulturübergreifend und bis heute nach den gleichen Kriterien Entscheidungen treffen. Sie differenzieren zwischen:

→ gut – böse
→ stark – schwach
→ aktiv – passiv.

Osgood nannte diese Faktoren Evaluation (Bewertung), Potency (Stärke) und Activity (Tätigkeit).

Diese Affekte sind begleitet von vegetativ-körperlichen Symptomen. Der Körper stellt sich noch heute auf Flucht oder Angriff ein. Auch wenn direkte physische Reaktionen in unserem Alltag meist gar nicht mehr notwendig oder sinnvoll sind.

Ein einfaches Beispiel ist eine kritische Situation beim Autofahren. Wenn uns die Vorfahrt genommen wird, reagieren wir mit einem raschen Tritt auf das Bremspedal. Den Rest übernimmt die Technik des Wagens. Gleichwohl wird sofort Adrenalin ausgeschüttet, unsere Muskeln werden aktiviert und die Herzfrequenz erhöht. Obwohl wir wissen, dass diese körperliche Reaktion das Problem nicht löst, den Bremsweg nicht zusätzlich verkürzt. Aber unser Körper reagiert völlig autonom auf diese über Jahrhunderte bewährte Weise.

Auch in Konfliktsituationen greifen noch diese alten Muster. Wir sind zwar grundsätzlich bereit, aufgrund von Fakten oder einer neuen Sachlage unsere Meinung zu ändern und vielleicht sogar einen Irrtum einzuräumen. Reflexartig vertrauen wir aber meistens spontan unserem Gefühl. Wir bewerten unsere Gegenüber, z.B. Kontrahenten in Konflikten, nach wie vor anhand der Kriterien: gut – böse, stark – schwach und aktiv – passiv. Und wir reagieren körperlich. Der Körper bereitet sich auf eine körperliche Reaktion (Flucht, Angriff oder Totstellen) vor.

Zum Beispiel kann bei einer Auseinandersetzung auf einer Leitungssitzung über die Neuverteilung der Büroräume eine Mitarbeiterin verstummen und ihre Interessen nicht angemessen vertreten. Sie erlebt sich schwach und passiv und reagiert direkt darauf mit Rückzug.

Eine andere Situation ist eine Begegnung in einer Tiefgarage. Je nach Situation und Uhrzeit wird die Bewertung unterschiedlich ausfallen.

2.6 Beschreiben – Erklären – Bewerten

Jeder Mensch hat in der Regel den Eindruck, eine Situation genauso wahrzunehmen, wie sie „wirklich" ist. Beobachtungen und Wahrnehmungen wirken, als ob sie eine von der Persönlichkeit des Beobachters unabhängige Informationsaufnahme wäre.

Die Alltagssprache suggeriert sogar, dass Wahrnehmung, insbesondere die visuelle Wahrnehmung, identisch mit Verstehen ist: „Jetzt sehe ich klar", „Sie hat den Durchblick", „Endlich kam er zur Einsicht" etc.

Aber Wahrnehmung geht weit über die Funktion unserer Sinne hinaus. Und Wahrnehmung ist nicht nur passive Kenntnisnahme: Sie ist eine *aktive* Handlung des Beobachters. *Wahrnehmung ist ein Prozess des Unterscheidens und Bezeichnens.*

Vor dem Hintergrund der bisherigen Erfahrungen – der individuellen Wirklichkeit – orientiert und organisiert sich die Wahrnehmung. So können drei Personen beim Anblick des gleichen Baumes völlig unterschiedliche Wahrnehmungen haben. Die eine sieht vielleicht einfach eine Menge Brennholz, die andere ein lästiges Hindernis beim Blick ins Tal. Und die dritte sieht, dass der Baum in diesem Jahr viele Früchte tragen wird, und freut sich auf die Äpfel im Herbst.

Wahrnehmungen und Beobachtungen sind individuell. Untersucht man genauer, was dabei geschieht, lassen sich drei verschiedene Handlungen unterscheiden: Beschreiben, Erklären und Bewerten.

„**Beschreibung**" meint eine möglichst sinn- und wertfreie Datenerhebung eines Beobachters – wie eine Filmkamera oder ein Mikrofon Ereignisse aufnimmt, z.B.: aus der Sicht eines Geschäftsführers: „Der Abteilungsleiter, Herr Krause, spricht 90 Minuten mit seinen Mitarbeitern."

„**Erklärung**" ist der Versuch, eine Logik zu kreieren, welche die beobachteten Ereignisse erzeugt oder zumindest erzeugen könnte.

Eine Erklärung im vorliegenden Beispiel könnte sein: „In der Abteilung von Herrn Krause gab es einen Konflikt und er klärt diesen in einem Gespräch mit allen Betroffenen."

Erklärungen beruhigen, weil sie dem Beobachter das Gefühl geben, ein Verständnis für die Ereignisse seiner Umwelt zu haben. Seine Umwelt wird für ihn erklärlich, d.h. verständlich. Die bedrohlich erlebte Unwissenheit und Unsicherheit weicht dem Glauben zu wissen, warum die Dinge so sind, wie sie sind.

Für das gleiche Phänomen kann es völlig verschiedene Erklärungen geben. Sie können auf den Axiomen der Logik basieren und widerspruchsfreie „Wenn-dann-Abfolgen" beinhalten. Sie können auch metaphysische Konzepte wie Glück, Schicksal, den Stand der Sterne oder einen in die Geschichte eingreifenden Gott bemühen. Daher sagen die Erklärungen mehr über den Erklärer und sein Verständnis von der Welt aus als über das eigentliche Phänomen.

Erklärungen müssen sich im Alltag, in der Praxis bewähren. Sie können dabei als widersprüchlich, nicht funktional („falsch") erkannt und verworfen oder durch neue ersetzt werden. Auch eine angebliche Widerspruchsfreiheit ist noch kein Beweis dafür, dass die Erklärung wahr ist. Erklärungen können auch so konstruiert sein, dass sie Widersprüche in sich selbst tragen.

Alle Ereignisse, die eine Person wahrnimmt, lassen sich von ihr anhand ihrer individuellen Werteskala **„bewerten"**. So könnte der Geschäftsführer zum Beispiel zu der Einschätzung kommen: „Herr Krause ist ein guter Abteilungsleiter. Er geht Konflikte direkt an und bezieht alle Betroffenen auch ein."

Andere Erklärungen bewirken andere Bewertungen. Erklärt sich zum Beispiel der Geschäftsführer die Dauer des Gespräches – 90 Minuten – als Zeichen von Führungsschwäche, käme er zu dem Ergebnis, dass Herr Krause als Abteilungsleiter doch nicht geeignet ist.

Auch in einem Konflikt haben alle Beteiligten den Eindruck, die Situation so wahrzunehmen, wie sie wirklich ist. D.h., sie sehen ihre Beschreibung, ihre Erklärung und ihre Bewertung als die objektiv Richtige an. Sie werden sich also nicht bewusst, dass ihre Einschätzung nicht nur auf ihrer subjektiven Wahrnehmung beruht, sondern vor allem von ihrer Erklärung und Bewertung geprägt ist.

Unterschiedliche und widersprüchliche Erklärungsmodelle gehören demnach zu jeder Konfliktsituation. Tauchen sie auf, führt dies normalerweise nicht dazu, dass sie hinterfragt werden, sondern im Gegenteil dazu, noch stärker am eigenen Modell festzuhalten. Die Unterschiede werden mit der emotional gefärbten Sichtweise der anderen Partei erklärt.

So könnten zum Beispiel der Geschäftsführer und seine Frau, die Herrn Krause sehr schätzt, in einen Streit über ihre unterschiedlichen Bewertungen geraten. Während für ihn Krauses Verhalten, ein Gespräch über einen Konflikt mit allen Mitarbeitern über 90 Minuten zu führen, ein Zeichen für mangelndes Durchsetzungsvermögen ist („Er redet einfach viel zu viel drum rum, anstatt zu sagen, wie es gemacht wird"), könnte seine Frau kontern: „Der Herr Krause nimmt seine Mitarbeiter wenigstens ernst und hört ihnen noch zu, im Gegensatz zu dir." Und beide gehen davon aus, dass ihre Sichtweise die „objektiv" richtige, wahre und sachliche ist.

Für den Transformer ist es relevant, die Sichtweisen der Beteiligten zu erkennen und zu verstehen. Wie beschreiben, erklären und bewerten sie den Konflikt?

Wird die Situation von allen Beteiligten überhaupt als Konflikt wahrgenommen? Und welche unterschiedlichen Erklärungen gibt es? Wird er mit dem eigenen Verhalten, dem Versagen des Vorgesetzten, der Unzulänglichkeit Anderer (Abteilungen, Zulieferfirmen) oder mit äußeren, unbeeinflussbaren Veränderungen (Weltwirtschaft) erklärt?

Und wird er als Chance oder als Gefahr bewertet? Als Anstoß für dringend notwendige Reformen, Klärungen und Veränderungen oder als möglicher Funke, der das Pulverfass zum Explodieren bringt, mühsam Erreichtes wieder zerstört und alle zurückwirft?

2.7 Rollen im Konflikt

Ein Konflikt spielt sich auf verschiedenen Ebenen ab und kann nur einzelne, aber auch viele Personen betreffen. Er kann konkrete Inhalte, ideelle Werte, Positionen und Meinungen oder einfach die Frage betreffen: Wer hat Recht?

In Konfliktsituation besteht die Gefahr, dass sich die Beteiligten auf Rollen reduzieren. Es erfolgt eine vorschnelle Zuschreibung in einfache Schwarz-Weiß-Kategorien, welche die Konfliktdynamik verstärken. Eine inhaltliche Auseinandersetzung mit den Argumenten des Gegenübers findet nicht mehr statt. Die Fokussierung richtet sich auf Verhaltensweisen, welche die Rollenzuschreibungen bestätigen. So wird z.B. in einem Team nicht mehr von Herrn Meyer gesprochen, sondern nur noch vom ewigen Querulanten, der ohnehin nur stört.

Für den Transformer (in Abschnitt 3.5 beschrieben) bedeutet es eine große Herausforderung, die Rollenzuschreibungen und ihr Verhalten zu erkennen und damit zu arbeiten. Dabei ist es für das weitere Vorgehen nur beschränkt wichtig, ob die am Konflikt Beteiligten ihre Rollen bewusst oder unbewusst einnehmen.

Es kann davon ausgegangen werden, dass jede Person das Verhalten zeigt, das ihr – entsprechend ihrer Möglichkeiten – für die vorliegende Situation am Besten erscheint. Dieses angeblich erfolgversprechende Verhalten ist oft aus außenstehender Sicht nur schwer verständlich und scheint weder sinnvoll noch zweckmäßig. So ist z.B. ein auffälliges Verhalten eines Kindes in einer Schulkasse auf den ersten Blick nur störend und unverständlich. Schnell kann es die Rolle des Klassenkaspers bekommen. Die einfache, kausale Beurteilung der Situation ist praktisch. Durch sie können unangenehme, abweichende Verhaltensweisen als Ausdruck einer gestörten Persönlichkeit oder einer Krankheit klassifiziert und die Lösung an Fachpersonen weitergegeben werden. Spannender wird es, wenn das negative Verhalten nicht mehr als Störung, sondern als das – aus Sicht des Betroffenen – subjektiv richtige Verhalten gesehen wird. Eine Auseinandersetzung damit zeigt, dass ein Verhalten viele dynamische Elemente beinhaltet und oft komplementär zu anderen Rollen und Verhalten steht.

Diese neue Betrachtungsweise ist auch deshalb eine Herausforderung, weil a) die eigene Rolle und Position und b) das Umfeld der Situation in Frage gestellt werden. In der Schule muss der Lehrer oder die Lehrerin in diesem Fall das eigene Verhalten und die eigene Einstellung dem störenden Kind gegenüber überlegen (z.B.: Erhält das Kind genügend Aufmerksamkeit? Wo steht es in der Klasse? Welchen kulturellen Hintergrund hat das Kind?).

Die Arbeitskollegen des „Querulanten" sind z.B. mit der Frage konfrontiert, was sie bislang für seine Integration getan haben?

Auf internationaler Ebene kann ein Terroranschlag während der soeben begonnenen Friedensverhandlungen plötzlich eine neue Bedeutung bekommen. So destruktiv er erscheinen mag, kann die Tat unter Berücksichtigung der ganzen Konfliktdynamik und aus Sicht eines Konfliktes der offenen Unterschiede (eine Seite will letztlich die endgültige Lösung erreichen) eine andere Bedeutung erhalten. Sei es, weil eine wichtige Gruppierung (z.B. die Attentäter) nicht am Verhandlungstisch sitzt, oder von den Beteiligten die wahren Absichten nicht offen diskutiert werden.

Auch wenn die gewählten Verhaltensweisen als subjektiv richtig erlebt werden, bedeutet dies nicht, dass es nicht bessere, erfolgreichere Alternativen gibt. Aber Veränderungen sind nicht immer leicht. Die Grenzen der persönlichen Ressourcen und die hohe Konfliktdynamik erschweren den Wechsel einer einmal gewählten oder erhaltenen Rolle.

Eine Intervention des Transformers kann demnach darin bestehen, die Beteiligten zu einen Rollenwechsel einzuladen.

Was wäre z.B. anders, wenn der Gaffer oder der Mitläufer einmal als aggressiver Provokateur oder als besonnener Mitdenker auftreten und argumentieren würde? Was würde sich an der Konfliktdynamik ändern, was würde sich für jeden Betroffenen ändern?

Eine weitere Intervention besteht in der Aufweichung der zugeschriebenen Rollen, indem Verhaltensweisen anders interpretiert werden oder bisher ausgeblendetes Verhalten gesehen wird.

So kann das Verhalten des Querulanten als mutiges Engagement verstanden werden, Widersprüche zu benennen. Oder es kann sein exaktes und zuverlässiges Arbeitsverhalten entdeckt und anerkannt werden.

2.8 Spielregeln im Konflikt

Viele potenzielle Konflikte können verhindert bzw. schnell gelöst werden, weil die Gesellschaft und das dazugehörige Rechtssystem Spielregeln dafür entworfen haben. Konflikte zeigen aber auch die Grenzen solcher Vereinbarungen, vor allem was die individuellen und kulturellen Aspekte betrifft. Eine Einschränkung besteht darin, dass die Vereinbarungen stark durch Wertvorstellungen einer Kultur geprägt sind und daher in einem anderen kulturellen Kontext nicht gleich interpretiert werden.

Im Gespräch mit Konfliktparteien fallen oft Ausdrücke wie: „Wäre der Gegner ein fairer Kämpfer oder wäre er ein richtiger Gegner, dann ..." Solche Äußerungen lassen darauf schließen, dass die Beteiligten offensichtlich eine Vorstellung vom Verhalten in Konfliktsituationen haben. Ähnlich wie bei einem Fußballspiel sollten gültige vereinbarte Regeln vorhanden sein, die angewendet werden müssen. Dies mag zwar in gewissen Situationen zutreffen, grundsätzlich können jedoch drei Muster festgestellt werden:
1. der Konflikt mit eingehaltenen Regeln;
2. der Konflikt mit gebrochenen Regeln;
3. der Konflikt mit unbekannten Regeln.

Der Konflikt mit eingehaltenen Regeln

Hier wird nicht nur vorausgesetzt, dass Regeln eingehalten werden, sondern auch, dass sie allen Beteiligten bekannt sind und als die richtigen und gültigen akzeptiert werden. Vor allem im interkulturellen Bereich ist diese Frage oft ein neuer Konfliktherd und Anlass zu weiteren Missverständnissen (wessen Regeln gelten wann?). Beispielsweise kann in der Geschäftsleitung eines internationalen Konzerns eine aus dem westeuropäischen Kontext getroffene Lösung, den Konflikt an der nächsten Sitzung offen anzusprechen, aus Sicht der asiatischen Kollegen zu weiteren großen Verstimmungen führen (z.B. wegen des drohenden Gesichtsverlusts in einer offenen Aussprache).

Auf internationaler und politische Ebene sind Verhandlungen und Vereinbarungen zu den Menschenrechten gute Beispiele für solche Regeln. Sogar im modernen Völkerrecht gibt es Kriterien zur Unterscheidung zwischen zulässigen und unzulässigen Kriegshandlungen. Das Internationale Rote Kreuz bemüht sich, Spielregeln für Konflikte zu erarbeiten und umzusetzen. Werden diese gegenseitig akzeptiert und eingehalten, können sie die sinnlose Eskalation in einem Konflikt verhindern und ein Konfliktmanagement erleichtern. Bei der Lösungssuche kann dann auf ein gewisses Grundverständnis aufgebaut werden. Dadurch werden auch die unerwünschten Nebenwirkungen berechenbarer. Solche Interventionen und Abmachungen sind lobenswert. Sie haben jedoch paradoxerweise den Nebeneffekt, dass sie nicht den eigentlichen Konflikt, sondern nur das Abweichen von Spielregeln bekämpfen und/oder verurteilen. So verurteilt eine außenstehende Regierung oder Vereinigung z.B. nicht den Konflikt X, sondern nur noch das überharte Vorgehen einer Partei in einer Situation. Solche Lösungen bergen daher die Gefahr, dass mit neuen und sogar eingehaltenen Spielregeln der Konflikt zwar kontrolliert, aber nicht „gelöst" wird.

Der Konflikt mit gebrochenen Regeln

In diesem Fall werden mit Grenzüberschreitungen die vereinbarten Spielregeln gebrochen und die Dynamik des Konfliktes verändert. Es kann davon ausgegangen werden, dass diese „Lösung" in den meisten Fällen aus Notsituationen heraus gewählt und nur selten bereits am Anfang eines Konfliktes als bewusste Strategie eingesetzt wird (siehe Konflikt mit unbekannten Regeln). Das Androhen von Grenzüberschreitungen wird jedoch auch taktisch benutzt (z.B. das Androhen eines Einsatzes von Atomwaffen auf der politischen Ebene, von Selbstmord oder Erpressung auf der Beziehungsebene). Gebrochene Spielregeln zeigen aus der Sicht des Konfliktmanagements,
a) dass die bisherigen Bemühungen und Lösungsansätze erfolglos waren,
b) zumindest eine Partei im Rahmen der vereinbarten Spielregeln sich nicht mehr wehren kann und mit dem Androhen der Regelverletzung eine letzte Möglichkeit für neue Verhandlungen sucht, oder
c) dass die Situation für eine Partei eine Auswegslosigkeit erreicht hat, in der letztlich gilt: „Lieber selbst sterben oder alles zerstören als den Anderen gewinnen lassen."

In diesem Zusammenhang sei nochmals darauf hingewiesen, dass unterschiedliches kulturell bedingtes Verhalten nicht mit gebrochenen Spielregeln gleichzusetzen ist. Der Einsatz eines Messers von einem Mann aus dem Balkan in einem Streit mit einem „messerlosen" Deutschen oder Schweizer ist keine gebrochene Spielregel, sondern Ausdruck unterschiedlicher kultureller Verhalten und Handlungen. Das Gleiche gilt für Phänomene wie Blutrache, Todesurteile etc..

Der Konflikt mit unbekannten Regeln

Hier haben alle oder zumindest eine Konfliktpartei klar gemacht, dass sie nicht bereit sind, Spielregeln zu erstellen und/oder einzuhalten. Die einzige Spielregel lautet: Es ist das gut und richtig, was uns und unserer Sache dient. Auf internationaler Ebene ist der Terrorismus das bekannteste Beispiel, wo z.B. die Schonung von Zivilisten oder die

Wertschätzung von Menschenleben durch keine Spielregel vereinbart werden können. Aber auch in Organisationen sind solche Konflikte häufiger als angenommen. Das rücksichtslose Durchsetzen der eigenen Interessen, das Durchdrücken von Großprojekten oder auch das skrupellose Entlassen von Mitarbeitern sind typische Beispiele. Für das Konfliktmanagement bedeutet diese Ausgangssituation eine doppelte Herausforderung. So müssen gleichzeitig das Vereinbaren von minimalen Spielregeln und erste Schritte im Konfliktmanagement bewältigt werden. Das Akzeptieren einer externen Vermittlung ist daher möglicherweise die erste Spielregel.

Die Spielregeln in einem Konflikt haben letztlich keinen direkten Einfluss auf das eigentliche Konfliktlösungsmodell. Das Analysieren und Beachten der Ausgangslage und seiner Spielregeln sind jedoch für den Einstieg und das Contracting im Konfliktmanagement von entscheidender Bedeutung und können bereits am Anfang die Weichen über Erfolg oder Misserfolg stellen.

3 Das Modell

3.1 Einführung ins Konflikt-Transformations-Modell

Das Konflikt-Transformations-Modell ist nicht in erster Linie Theorie, sondern vor allem ein Instrument für die Praxis. Es verbindet theoretische Erkenntnisse mit Erfahrungen aus der täglichen Arbeit als Konfliktmanagerin und Konfliktmanager in menschlichen Systemen und Organisationen wie Schulen, Dienstleistungsunternehmen, Krankenhäusern und Industriebetrieben.

Das Modell erklärt verständlich und leicht nachvollziehbar, welche Einstellungen und Verhaltensweisen einen Konflikt hervorrufen und am Leben erhalten. Gleichzeitig zeigt es Möglichkeiten für den erfolgreichen Umgang mit Konflikten. Die für die Konflikt-Transformation unerlässlichen Hilfsmittel werden vorgestellt und erläutert.

Die Gliederung in die einzelnen Konfliktphasen umfasst einen Konflikt von seiner Entstehung bis zur Lösung. Sie ermöglicht die genaue Zuordnung von Verhaltensweisen und Interventionen und zeigt den Einsatz der Werkzeuge und Checklisten. Und nicht zuletzt wird auch immer auf mögliche Stolpersteine und Fallen für den Transformer hingewiesen.

3.2 Konfliktbaum

> „Tatsachen haben keine Bedeutung" – *Oscar Wilde*
> „Ein Problem ist ein Problem, wenn es ein Problem ist!"
> – *Systemische Weisheit*

Konflikte sind für alle Beteiligten schmerzhaft und oft unlösbar, weil dabei nicht nur sachliche, sondern sehr viele emotionale und kontextuelle Anteile betroffen sind. Es geht also viel weniger um Gegenstände oder Sachentscheidungen als viel mehr um Gefühle, Beziehungen und Wertvorstellungen. Denn Konflikte und Konfliktlösungen haben nur beschränkt mit rationalem, logischem Denken und Handeln zu tun. Vielmehr werden Beziehungs-, Macht- und andere emotionale Fragen durch entsprechendes Verhalten und Reaktionen geklärt.

Als wäre diese Ausgangslage nicht kompliziert genug, werden der Konflikt und die Zeit nach dem eigentlichen Zusammenprall durch eine hohe Eigendynamik dominiert. Schnell und oft ungewollt werden Dritte involviert, neue und überraschende Allianzen entstehen. Die emotionalen und irrationalen Anteile verdrängen immer mehr den vordergründigen Konfliktherd. Anstelle von sachlichen Entscheidungen und rationalem Handeln reagieren die Betroffenen anhand gewohnter Verhaltensmuster. Dabei wird vergessen, dass die gewählten „Konfliktlösungen" im Repertoire der emotionalen Erfahrungen und kulturellen Wurzeln gesucht und ausgewählt worden sind (siehe Kapitel *Hirnforschung*). Das führt oft dazu, dass auch den letzten verbliebenen sachlichen Anteilen hohe emotionale und/oder kulturelle Bedeutungen zugeschrieben werden. So wird z.B. in einer Scheidung der eigentlich wertlose Schrank zum emotionalen Wertgegenstand, im Büro die Bewilligung eines Dienstwagens zur Statusfrage.

In Konflikten wird demnach sehr schnell auf der falschen Ebene, auf Nebenschauplätzen gestritten. Sachfragen können nicht mehr gelöst werden, da sie mit verschlungenen Beziehungsfragen und kontextuellen Anteilen verknüpft worden sind. Wer im Konfliktfall handlungsfähig bleiben möchte, muss diese Anteile unterscheiden und interpretieren können.

Die Analyse von Konflikten zeigt folgendes Bild:

Krone: die sichtbaren und sachlichen Anteile,
Wurzeln: die emotionalen Anteile, Beziehungsfragen,
Erde, Umgebung: die kulturellen Aspekte und Wertvorstellungen,
Stamm: hält zusammen, bildet die Vernetzung und Verbindung, die Kommunikation.

Der Baum steht im Konflikt-Transformations-Modell als Analogie, als symbolische Darstellung. Er ermöglicht eine vereinfachte Beschreibung der Ausgangslage und berücksichtigt die Erkenntnisse und Erfahrungen aus Theorie und Praxis. Der Konfliktbaum ist das erklärende Element im Konflikt-Transformations-Modell und beantwortet die Frage: Welche Anteile beeinflussen den Konflikt wie stark, wo finden sich die zentralen Fragen?

Dabei wird zwischen folgenden drei Ebenen/Anteilen unterschieden:

Sachliche Anteile, inhaltliche Fragen

Erfahrungswerte zeigen, dass in Konfliktsituationen höchstens 10-30 % die sachliche Ebene betreffen. Krone und Äste sind die auf den ersten Blick gut sichtbaren Anteile eines Baumes. Sie symbolisieren die vermeintlich harten Faktoren, die Inhalte in einem Konflikt. Darüber kann angeblich objektiv und offen gestritten werden, denn mit Zahlen und Fakten werden bekanntlich Wahrheit und Richtigkeit bewiesen.

Doch mit der Krone und den Ästen sieht man nur einen Teil des Baumes. Bereits ein Perspektivenwechsel verändert schnell die Wahrnehmung – und damit die „Wahrheit". So sieht der Baum im Frühling anders aus als im Herbst, und er würde vor oder nach der Ernte völlig anders beschrieben werden.

Emotionale Anteile, Beziehungs- und Machtfragen

Bei 30-60 % der Konflikte geht es um Fragen der Beziehung, um Macht und Emotionen. Diese Anteile werden im Konfliktbaum mit den Wurzeln dargestellt. Die Wurzeln eines Baumes sind – ganz wie die Emotionen – nur ansatzweise zu sehen. Aber jedermann weiß, dass sie da sind. Sie sind mächtig und meistens gleich groß, je nach Baumart sogar größer als der sichtbare Baum. Sie geben dem Baum nicht nur den nötigen Halt, sie waren zuerst vorhanden, ermöglichen erst die Äste und die Krone. Genauso sind unsere Emotionen eine Ansammlung unserer gesamten Erfahrungen und bestimmen stark unser Verhalten und unsere Reaktionen.

Kontextuelle Anteile, Wertvorstellungen, kulturelle Prägung

Auch wenn in vielen Konflikten nicht darüber gesprochen wird und hier am wenigsten „Wissen" vorhanden ist, betreffen schätzungsweise 20-40 % die sogenannten kontextuellen Anteile. Oft wird vergessen, wie stark gesellschaftliche Vorurteile und kulturelle Prägungen unser Leben beeinflussen. Wie schnell wird z.B. ein Verbrechen einem Ausländer in die Schuhe geschoben, die Deutschen als Ballermänner und die Schweizer als kleinkariert gesehen. Vor allem in spannungsgeladenen Situationen treten solche Reaktionen gehäuft und schneller auf. Selbst bei einem Freizeitvergnügen wie Fußball oder anderen sportlichen Wettkämpfen wird das nur zu rasch deutlich.

In den kulturellen Anteil gehören auch die Unternehmenskultur und die Tiefenstrukturen einer Organisation. Hier sind Verhalten, Denkhaltungen und Werte der Organisation angesiedelt Diese beeinflussen in einem Konflikt das Verhalten aller Betroffenen (z.B. mit dem Chef darf nicht gestritten werden oder Kritik ist Nestbeschmutzung etc.).

Konflikte drehen sich also nicht nur um sachliche Anteile. Sie sind vielmehr durch die emotionalen Anteile geformt und basieren letztlich oft auf unterschiedlichen Wertvorstellungen und kulturellen Prägungen. Konflikte wie die Auseinandersetzungen im Nahen Osten oder in Irland zeigen die enorme Bedeutung dieser Ebene.

Jeder Baum, jede Pflanze braucht die entsprechende Erde, um zu wachsen. Genauso wie die Erde in der Natur, sind die kontextuellen Anteile unseres Verhaltens über Jahrhunderte entstanden und daher nur schwer und vor allem nur sehr langsam zu ändern.

Im Konfliktfall werden diese Erkenntnisse oft ungenügend beachtet. Auch wenn vordergründig über Inhalte und sachliche Fragen gestritten wird, sind zu einem größeren Anteil Affekte, Emotionen, kontextuelle Aspekte und Wertvorstellungen betroffen. Wenn überhaupt darüber diskutiert wird, kann beobachtet werden, dass die Beteiligten sich selber eine objektive und der Gegenseite fast eine rein emotionale Haltung unterstellen. Der Konfliktbaum verdeutlicht, dass bei jedem Konflikt alle Anteile vorhanden und von Bedeutung sind. Alle Beteiligten sind davon betroffen. Je länger der Konflikt dauert, desto größer der Einfluss der emotionalen und kontextuellen Anteile (die Emotionen kochen über, es geht um die Ehre etc.). Bei einer Scheidung kann z.B. vor dem Richter über Geld, das Haus und die Kinder gestritten werden. Tatsächlich geht es jedoch um Kränkungen, Verletzungen, Recht haben, aber auch um geschlechterspezifische und familiäre Fragen. Und in einem Unternehmen kann über Zahlen, Daten und Fakten diskutiert werden, während es letztlich um Macht, Einfluss und Wertschätzung geht.

Der Konfliktbaum ist ein bewährtes Hilfsmittel in der Praxis des Konfliktmanagements. Mit diesem Schema gelingt es den Beteiligten schneller und einfacher, die verschiedenen Ebenen zu erkennen und unterschiedliche Verhaltensweisen einzuordnen. Dabei geht es nicht darum, eigene oder fremde Reaktionen und anderes Verhalten als richtig oder falsch zu beschreiben, sondern es geht darum, die Wahrnehmungs- und Problemebene zu erkennen und zu verändern. Das ermöglicht die Annahme anderer, neuer Sichtweisen. Im Konflikt-Transformations-Modell gibt es eine konkrete Checkliste mit den entsprechenden Fragen zum Konfliktbaum.

3.3 Filterwahl

Die Ausführungen zum Konfliktbaum und zu Affekten bei Entscheidungen haben gezeigt, dass in Ausnahmesituationen Menschen zum reflexartigen und emotionalen Handeln neigen. Die ersten, oft unbewussten Entscheidungsprozesse führen jedoch nicht immer zur optimalen Lösung für eine komplexe Situation. Schnelle Reaktionen wie Flucht oder Zuschlagen können in gewissen Überlebenssituationen richtig sein. Wahrscheinlich haben sie sogar der menschlichen Rasse das Überleben und die weitere Entwicklung ermöglicht. Viele Konflikte sind jedoch komplexer und können nicht mehr mit den gleichen „primitiven" Mitteln unserer Vorfahren gelöst werden. Möglicherweise sind diese reflexartigen Reaktionen im Konfliktmanagement der heutigen Gesellschaft eher eine Belastung. Vielleicht sind sie sogar der Grund für die immer wieder auftauchenden Gewalteskalationen und offenbar nicht lösbaren Konflikte.

Diese Steuerung durch unbewusste Reflexe und die Tendenz, bewährtes aber nicht immer situationsgerechtes Verhalten zu zeigen, gilt für alle Menschen.

Allen Menschen fällt es jedoch gleich schwer, diese Ausgangslage zu akzeptieren und sich eine gewisse Hilflosigkeit einzugestehen. Vielmehr versucht man, in emotional überfordernden Situationen die unmittelbaren Affekte zu unterdrücken und den Überlegenen, den Coolen zu spielen. Erst im Verlaufe des Konflikts wird deutlicher, dass das gezeigte Verhalten von emotionalen und kulturellen Anteilen stark beeinflusst wird.

Dies lässt sich am Beispiel der Sonnenbrille veranschaulichen, die zwar vor UV-Strahlen schützt, aber die Umgebung auf einmal leicht blau, rot oder gelb erscheinen lässt. Der Schutz geht also auf Kosten einer Wahrnehmungsveränderung, der Filter hat die Wirklichkeit verändert. Das Gleiche gilt für die Filterwahl im Konfliktfall.

Diese Erkenntnisse und Erfahrungen zeigen, dass im Konfliktfall die Beteiligten eine eingeschränkte Wahrnehmung haben, als ob ein Filter aufgesetzt worden sei. Die eingeschränkte Wahrnehmung erhöht die Handlungsfähigkeit, indem sie die nötige Energie bündelt. Ablenkungen oder sogar Hemmungen (der Feind könnte ja auch ein Mensch sein) werden so vermieden oder eingeschränkt.

Ein typisches Beispiel sind die Ereignisse in Sarajevo. Vor dem Krieg haben in dieser Stadt verschiedene ethnische Gruppen eine konstruktive Koexistenz geführt. Mischehen, gemeinsame Arbeitsplätze für bosnische, kroatische und serbische Menschen waren Alltag. Die ethnische Zugehörigkeit hatte im täglichen Leben praktisch keine Bedeutung. Durch den Kriegsausbruch und die damit verbundenen Beeinflussungen war es innerhalb von wenigen Monaten möglich, einer Mehrheit der Bevölkerung einen neuen, völlig einseitigen Filter aufzusetzen. Kurze Zeit später dominierten im bislang friedlichen Land Misstrauen und Hass, sogar die unmenschlichsten Gräueltaten wurden möglich. Mit dem neuen Wahrnehmungsfilter wurden offenbar alte kontextuelle und kulturelle Prägungen aktiviert und sachliche Argumente und kurzfristige Erfahrungen völlig verdrängt.

Das Gleiche gilt für die Geschichte vom Manager, der innerhalb weniger Wochen vom Strahlemann zum Buhmann und plötzlich für alle Probleme und Fehler verantwortlich gemacht wurde – nachdem er Monate zuvor als „Wundermann" und großer Retter gefeiert worden ist. Und wer kennt nicht die geplatzte Liebesbeziehung, die den zuvor makellosen Partner zur abscheulichen Person macht?

Die Filterwahl erfolgt also sehr willkürlich und entgeht oft der bewussten Wahrnehmung. Je nach Situation führt die Filterwahl zu einer Einengung, einer Verzerrung oder zur Erweiterung der Sichtweise. Ganz so, wie die eine Sonnenbrille blau, rot oder orange filtert. Eine andere Analogie ist der Maler und seine Farbpalette, der je nach Wahl des Pinsels oder der Farbe – bei gleicher Ausgangslage – ein völlig anderes Bild malt.

Die Filterwahl erfolgt reflexartig als unmittelbare Reaktion auf den Zusammenprall und kann daher nur beschränkt kontrolliert werden. Oft sind sich die Betroffenen dessen nicht bewusst. Sie können daher die Konsequenzen nicht abschätzen, obwohl sie für den weiteren Verlauf im Konfliktmanagement von entscheidender Bedeutung sind.

Im Konflikt-Transformations-Modell sind drei Wahlmöglichkeiten beschrieben, eine Unterteilung, die sich in der Praxis bewährt:

Filterwahl 1: die verdeckten Unterschiede

Der gewählte Filter verdeckt die plötzlich wichtig gewordenen Unterschiede. Ein Problem in einem Unternehmen wird deutlich, aber sofort tabuisiert. Dieser Filter unterstützt eine Weder-noch-Wahrnehmung. Das heißt, es darf keine Unterschiede geben. Marcel Duchamp hat es so formuliert: „Es gibt keine Lösung, weil es kein Problem gibt" – also das Problem nicht als solches gesehen oder erkannt wird. Für den Konfliktfall bedeutet dies: Es gibt keinen Konflikt, weil die Unterschiede sofort verdeckt werden.

Die durch diese Filterwahl eingenommene Haltung verlangt demnach, dass individuelle Bedürfnisse oder die eigene Position zurückgestellt werden. Alle Beteiligten müssen harmonisch funktionieren. Konflikte werden als gefährlich angesehen und daher unter allen Umständen vermieden. Alle Handlungen, die den Zusammenhalt der Betroffenen und Beteiligten gefährden, werden unterlassen. Dies erlaubt so lange ein „konfliktfreies" Zusammenleben, wie sich alle Mitspieler an diese Regel halten und der Außen- oder Innendruck nicht zu groß wird, der Drang nach Veränderung, nach Unterschieden nicht überwiegt.

Wenn vorhandene Unterschiede weder diskutiert noch gelebt werden dürfen, weichen die Betroffenen zu anderen Verhaltensweisen aus, wie z.B.:
→ *Vermeiden*
→ *Verdrängen*
→ *Ablenken*
→ *Konfrontationen auf Nebenschauplätzen*
→ *Hektik/Stress*
→ *Flucht.*

Die Vermeidung von Konflikten kann kurzfristig beruhigend und angstreduzierend wirken. Sie verkleinert die vorhandenen Unterschiede oder lässt sie sogar verschwinden. Diese bleiben jedoch da, sie sind nur nicht sichtbar. Damit wird wieder ein Zustand hergestellt, der für die Harmonie und den Zusammenhalt der Gruppe nicht bedrohlich wird.

Diese Filterwahl kann bei den Beteiligten psychosomatische Symptome hervorrufen oder die Produktivität in einer Abteilung senken. Eine mögliche Reaktion ist die Konzentration auf Detailfragen – dann kann endlos über die Anschaffung einer Kleinigkeit gestritten werden (welches Modell, welche Farbe etc.).

Die Erfahrung zeigt, dass es einige deutliche Hinweise und Anzeichen für mögliche verdeckte Konflikte gibt:
→ allgemeines, diffuses Unwohlsein;
→ vermehrte Äußerungen von Unlust und Frustration;
→ vermehrt psychosomatische Beschwerden;
→ Einschränkungen auf der Leistungsebene, übertriebene Passivität und Lähmungserscheinungen;
→ vermehrtes gereiztes Verhalten;
→ gehäufte Disziplinlosigkeit (Alkohol, Fehlzeiten/Absenzen, etc.).

Im positiven Fall ermöglicht das Negieren der Unterschiede den Betroffenen weiterhin ein harmonisches Zusammenleben. Im negativen Fall zahlen die Betroffenen einen hohen Preis: Sie verstärken den Konflikt durch den ungelösten Umgang mit Unterschieden und leiden permanent durch den schwelenden Konflikt, was bis zur ernsthaften Erkrankung führen kann. Dieser Lösungsweg wird zum zusätzlichen Problem.

Filterwahl 2: die offenen Unterschiede

Der gewählte Filter betont und verstärkt die aufgetretenen und vorhandenen Unterschiede. Diese Wahrnehmung führt zur Haltung „entweder – oder", „richtig – falsch". Es wird versucht, die individuelle Position durchzusetzen, also eine einseitige Auflösung der Unterschiede zu erreichen. Diese geht bewusst auf Kosten der Anderen. Es gibt klare Vorstellungen, was richtig und falsch ist, und eine ebenso klare Schuldzuweisung. Emotional dominiert das Bedürfnis, sich durchzusetzen und den Konflikt definitiv zu lösen. Gleichzeitig besteht auch die Angst, eine Niederlage einstecken zu müssen und das Gesicht zu verlieren.

Aufgrund des Widerstands der Gegnerschaft – durch die Entweder-oder-Haltung geradezu herausgefordert – entsteht eine Blockade, die Machtfrage steht schnell explizit im Raum. Eine symmetrische Eskalation ist oft die Folge: Der Konflikt gewinnt ständig an Bedeutung, und der Kreis der Betroffenen wird rasch größer. Alle Beteiligten und auch nahe stehende Personen werden durch die Situation zur Stellungnahme gezwungen, wobei eine neutrale Haltung für sie nicht mehr möglich ist.

Im positiven Fall erlaubt diese Filterwahl, Unterschiede deutlich zu machen und eine – möglicherweise – längst fällige Klarheit und Offenheit zu erzielen. Endlich kann über die bestehenden Unterschiede diskutiert und verhandelt werden. Das Auflösen von lähmenden Spannungen und unüberbrückbaren Positionen kann den Betroffenen wieder ein Funktionieren und einen geregelten Umgang ermöglichen. Die Stärkeverhältnisse, die Machtverteilung sind wieder geregelt und die Reibungsverluste verschwinden. Dieser Umgang mit Konflikten kann aber auch die Identität und die Stabilität einer Organisation erhöhen, denn man weiß sozusagen „wer und wo das Böse" ist.

Im negativen Fall, also wenn keiner der Beteiligten nachgibt und der Konflikt nicht mit einer einseitigen Lösung endet, erfolgt eine ständige symmetrische Eskalation unter hohem Einsatz von Ressourcen. Keine der Positionen kann sich durchsetzen, der Umgang mit den zentralen Unterschieden wird nicht geregelt. Sämtliche Fragen werden nur noch unter dem Gesichtspunkt „Sieg oder Niederlage" betrachtet, die totale Vernichtung der Gegnerschaft erscheint als einzige Möglichkeit zur Beendigung des Konfliktes. Das Aufrechterhalten dieser Positionen ist durch die Möglichkeit geprägt, selbst zu verlieren, und verlangt von allen Involvierten einen großen Preis. Der Alltag ist durch Misstrauen und Angst, fehlendes Vertrauen, Abwertung und ungeklärte Machtfragen geprägt.

Filterwahl 3: die balancierten Unterschiede

Die gewählte Filterwahl geht in erster Linie davon aus, dass es Unterschiede gibt und diese zum täglichen Leben gehören. Unterschiede sind nicht per se gut oder schlecht. Sie werden vielmehr als andere Sichtweise, als andere Möglichkeit einer Abgrenzung, als andere Interpretation einer Situation verstanden. Die aus den Unterschieden resultierenden Konsequenzen, ihre Bedeutung oder eingebrachte Lösungsvorschläge sind verhandelbar. Diese Wahrnehmung führt zur Sowohl-als-auch-Haltung. Die vorhandenen und spürbaren unterschiedlichen Meinungen und Positionen werden als subjektive Wirklichkeit verstanden. Sie werden manchmal als Bereicherung, manchmal als Störung empfunden, auf jeden Fall jedoch als eine Einladung zum Überdenken der eigenen Situation.

Unterschiede (und daher auch Konflikte) werden als Teil des Lebens akzeptiert. Man muss – und möchte – lernen, damit umzugehen. Dies ist jedoch nur möglich, wenn das Ertragen und der Umgang mit Ungewohntem und Unsicherheiten akzeptiert werden. Zudem sind balancierte Unterschiede oft labil und verlangen immer wieder neue Verhandlungen. Daher sind sie keine ideale Voraussetzung, wenn der Wunsch nach Sicherheit und Stabilität vorherrscht.

Obwohl es Situationen gibt, in denen ein klarer Umgang mit Unterschieden nötig und gewünscht ist, stellt der Konflikt der balancierten Unterschiede die reifste Form des Konfliktmanagements dar. Hier führt der Umgang mit Unterschieden zu einer konstruktiven Auseinandersetzung. Das erlaubt gleichzeitig eine eventuell notwendige Veränderung, die Auseinandersetzung mit Neuem bei allen Beteiligten. In einem Aushandlungsprozess wird eine gangbare Lösung gesucht. Diese geht weder einseitig auf Kosten Anderer, noch müssen die eigenen Bedürfnisse ganz zurückgestellt werden. Auch Niederlage und Gesichtsverlust drohen nicht.

Die Schwierigkeiten dieser Filterwahl sind – trotz der Vorteile – ebenso offensichtlich: Sie stellt einen schmerzlichen Prozess dar, weil die Beteiligten realisieren müssen, dass es keinen Gewinner und keine endgültige Lösung geben kann. Das kann dazu führen, dass die anstehenden Klärungen nicht ganz befriedigend gelöst werden und das ständige Ausbalancieren der Unterschiede und Ambivalenzen zum Stress wird und daher früher oder später scheitern wird. Es kann ermüdend sein, ständig alte Fragen und Unterschiede neu zu verhandeln, ständig Verständnis und Toleranz aufzubringen. Dadurch kann eine Sehnsucht nach einer stabilen, wenn auch einseitigen Lösung auftauchen und plötzlich ein Umschwung in eine andere Filterwahl erfolgen. Diese hat dann das Ziel, eine verbindliche und vermeintlich dauerhafte Entscheidung zu erreichen, d.h., zu wissen, was „richtig und falsch" ist, z.B. welches Modell, Vorgehen, Lösung gewählt werden soll (Filterwahl 2) oder die Unterschiede nicht mehr thematisieren zu müssen und einen harmonischen Zustand zu erreichen (Filterwahl 1).

3.4 Dynamikkreis

Konfliktmanagement heißt mit Emotionen umgehen, diese erkennen und steuern. Emotionen setzen viel Energie frei: Je nach Situation kann diese als konstruktiv oder als destruktiv erlebt werden. Im negativen Bereich kann die Energie schnell problemerhaltend oder -verstärkend wirken und wegen der hohen Eigendynamik nur wenig zu einer konstruktiven Lösung beitragen.

Durch die Darstellung des Konfliktbaums wird deutlich, wie stark Konflikte durch sachliche, emotionale, kulturelle und kontextuelle Anteile beeinflusst werden. Die Filterwahl wiederum zeigt, dass das gewählte Verhalten, der jeweilige Umgang mit Unterschieden nach einem Zusammenprall, also in einer Konfliktsituation, stark verfälscht wird. Die Involvierten sind voreingenommen und haben eine subjektive Sicht, auch wenn sie selbst überzeugt sind, objektiv und unvoreingenommen zu sein.

Die Beteiligten können mit dem Dynamikkreis sowohl ihre Haltung, als auch ihre emotionalen Reaktionen und ihr Verhalten bestimmen und überprüfen. Er erlaubt eine Standortbestimmung zur Situation. Dabei stehen folgende Fragen im Vordergrund:
→ Können sich die Beteiligten im Dynamikkreis erkennen und einordnen?
→ Stimmt das aufgezeigte Resultat mit der eigenen Wahrnehmung überein?
→ Sind sich alle der möglichen Konsequenzen bewusst und sind sie bereit, den fälligen Preis zu bezahlen?
→ Wird die zugeordnete Rolle akzeptiert, passt sie oder wurde sie jemandem zugeschrieben?
→ Was möchten die Beteiligten gerne anders machen, wo sehen sie neue Verhalten, neue Lösungen?

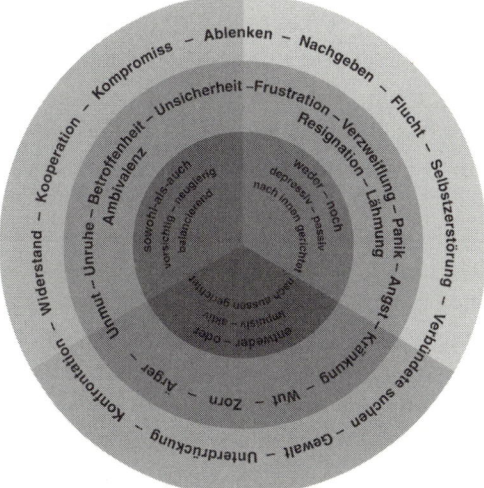

© by B. Conrad, B. Jacob, Ph. Schneider; 2002
(www.konflikte.org)

Funktion des Dynamikkreises

Welche Bedeutung haben nun die möglichen emotionalen Verhaltensweisen? Und welche Unterschiede entstehen anhand der Filterwahl, welche Rollen und Auswirkungen sind mit ihr verbunden? Und gibt es spezifische Reaktionen, Verhaltensmöglichkeiten, die sich aufzeigen lassen?

Im Konflikt-Transformations-Modell werden diese Fragen mit dem Dynamikkreis erklärt und verdeutlicht (siehe Illustration). Er zeigt, welche Auswirkungen die getroffene Filterwahl und die emotionalen Reaktionsmöglichkeiten haben. Er hilft den Betroffenen und Beteiligten in einer Konfliktsituation, die eigenen Gefühle und Reaktionen einzuordnen und zu verstehen.

Der Dynamikkreis gibt also Hinweise zum eigenen Verhalten. Dadurch wird auch eine Gegenüberstellung der Selbstwahrnehmung mit der vermuteten Einschätzung durch die anderen Konfliktbeteiligten möglich. Demnach können mit Hilfe des Dynamikkreises das Verhalten und die Emotionen aller Beteiligten sichtbar werden. Vor allem aber zeigt er sehr anschaulich, wohin eine Eskalation führen kann. Durch ihn wird deutlich, welchen Preis die Beteiligten für das Weiterführen des Konflikts bezahlen müssen.

Mit dem Wissen um die Verhaltensmuster der Konfliktbeteiligten und die Folgen des Konflikts können mögliche weitere destruktive Entwicklungen verhindert und nötige Voraussetzungen und Klärungen für ein erfolgreiches Konfliktmanagement geschaffen werden. Realisieren die Beteiligten, dass z.B. der von ihnen gewählte Weg nur in Zerstörung und Gewalt enden kann, können leichter neue Lösungsmöglichkeiten diskutiert werden. Anhand des Dynamikkreises ist es möglich, ausgehend von der erwünschten Wirkung, auch die nötigen Einstellungs- und Verhaltensänderungen zu zeigen. Die Analyse anhand des Dynamikkreises erlaubt, unterschiedliche Positionen in einem Konflikt aufzuzeigen (z.B. Flucht vs. Konfrontation). Er macht aber auch deutlich, dass letztlich alle Beteiligten – unabhängig vom gewählten Lösungsweg – zum gleichen Konflikt gehören. Ziel ist es also auch, die gemeinsame Geschichte (Konfliktchronologie) zu erstellen und eine allgemeine Betroffenheit – und dadurch den Mut zur Veränderung – zu erreichen.

In einer Konfliktsituation sind unzählige Reaktionen, Gefühle und Verhaltensweisen möglich, die sich zudem im Laufe des Konflikts immer wieder ändern können. Sie werden sowohl von den inneren Strukturen der Betroffenen als auch von deren Umgebung, aber auch von Tagesform, Stimmungen und Launen etc. beeinflusst. Dennoch hat sich gezeigt, dass eine gewisse Logik, eine gewisse Zuordnung möglich ist. Sowohl psychologische Untersuchungen (Osgood et al.) als auch Erkenntnisse der Neurowissenschaft (Princeton University) und der Verhaltensforschung zeigen alle in die gleiche Richtung. Diese Erkenntnisse und die Erfahrungen aus der Praxis sind im Dynamikkreis berücksichtigt worden.

Der Dynamikkreis ist in drei Felder und Farben unterteilt. Jeder farbliche Sektor entspricht einer Filterwahl. Rot entspricht dem „Konflikt der offenen Unterschiede", Grün dem „Konflikt der balancierten Unterschiede" und Grau dem „Konflikt der verdeckten Unterschiede". Dadurch können Verhaltensweisen und der Umgang mit Emotionen im Konfliktfall leicht zugeordnet werden.

Zusätzlich zu den drei Sektoren ist der Dynamikkreis in drei Ringe unterteilt. Im innersten Ring ist die emotionale Grundhaltung beschrieben, also Grundmuster wie „entweder – oder", „weder – noch" oder „sowohl – als auch". Im mittleren Ring sind diejenigen Emotionen beschrieben, die üblicherweise als Folge dieser Grundhaltungen auftreten. Im dritten und äußersten Ring sind die häufigsten Verhalten beschrieben. Sie zeigen letztlich auch die Konsequenzen der gewählten Filterwahl auf und machen den Beteiligten die Auswirkungen deutlich. Die Beschreibung der Sektoren und Ringe zeigt deutlich, dass eine sture Zuordnung nicht möglich ist und viele Übergänge fließend sind.

Der rote Sektor umfasst das Konfliktmodell der offenen Unterschiede. Hier dominieren Begriffe wie Kränkung, Zorn, Wut und Ärger. Diese Emotionen sind eine Folge der Grundhaltung „entweder – oder", die impulsives Verhalten fördert und unterstützt. Das Handeln ist nach außen gerichtet. Kann der Konflikt nicht rechtzeitig gelöst werden, sind Gewalt, Unterdrückung und Konfrontation die logische Antwort auf diese Haltung.

Der graue Sektor beschreibt das Konfliktmodell der verdeckten Unterschiede. Hier dominieren Begriffe wie Frustrationen, Verzweiflung, Trauer, Angst und Resignation. Diese sind die Folge der gewählten Weder-noch-Haltung, die nach innen gerichtet und depressiv orientiert ist. Hier sind – wenn der Konflikt nicht gelöst werden kann – Verhalten wie Flucht, Selbstzerstörung und (falsches) Nachgeben anzutreffen.

Der grüne Sektor erklärt den Umgang mit balancierten Unterschieden. Hier sind vor allem die Begriffe wie Betroffenheit, Unsicherheit, Unruhe und Ambivalenz zu finden. Durch die gewählte Sowohl-als-auch-Haltung wird eine vorsichtige Neugier möglich. Diese erlaubt, den Umgang mit Unterschieden auszubalancieren. Kooperationen, Kompromisse, aber auch Ablenken und Widerstand sind hier anzutreffen und einzuordnen.

3.5 Transformer

Viele Konflikte werden von den Betroffenen eigenständig gelöst. Manche Konflikte bestehen auch über einen langen Zeitraum, ohne dass Hilfe von außen hinzugezogen wird. Möglicherweise haben die Beteiligten auch gelernt, damit zu leben.

Ist der Konflikt nicht zu lösen, sind die Beteiligten oft überfordert und haben die Tendenz, ausschließlich die eigene Sichtweise, die eigenen – vernünftig und sachlich erscheinenden – Argumente zu sehen und zu bestätigen. Die gegnerische Position wird im Gegensatz dazu häufig mit emotionalen und Persönlichkeitsmerkmalen der Kontrahenten erklärt. („Herr Meier hat wieder einmal Angst, ein Risiko einzugehen" oder: „Herr Müller ist persönlich beleidigt und kann nicht zwischen Beruf und privat unterscheiden"). Da meistens beide Seiten diese Haltung einnehmen, dreht sich die Konfliktspirale unablässig weiter. Der Einbezug einer außenstehenden Person, eines Transformers, kann daher sinnvoll und entlastend sein.

Der Transformer kann als außenstehende Person die Dynamik des Konflikts und des Konfliktmanagements beeinflussen und anders gestalten. Um diese anspruchsvolle Aufgabe erfolgreich zu bewältigen, verlangt diese Position Glaubwürdigkeit, Gleichwertigkeit und Unabhängigkeit sowie Transparenz, Hartnäckigkeit, Flexibilität und Wissen um die Konfliktdynamik.

Der Transformer hat eine klare Rolle, an der er während des gesamten Einsatzes konsequent festhält. Dadurch erhält er die nötige Handlungsfähigkeit und erliegt nicht der Versuchung, den Konflikt selbst lösen zu wollen. Er übernimmt also weder Parteien- oder Interessensvertretungen, er ist weder Gutachter noch Schlichter oder Richter. Der Transformer verschafft den Beteiligten Spielraum und die Möglichkeit für Veränderungen. Da ein Konflikt immer zwischen Menschen besteht und kein mechanisch technisches Problem ist, sind keine einfachen, immer gültigen Rezepte anwendbar. Konfliktmanagement ist das Management der Konfliktlösung, die von den Beteiligten selbst vollzogen wird.

Was braucht es, damit ein Kontakt zwischen den Konfliktparteien und dem Transformer überhaupt zustande kommt und seine Arbeit erfolgreich sein kann?

Dazu müssen verschiedene Bedingungen erfüllt sein. Die Beteiligten und/oder die Verantwortlichen müssen sich einig sein, dass
1. ein Konflikt besteht, der
2. nur oder effektiver mit professioneller Hilfe einer außenstehenden Person zu lösen ist oder
3. in vielen Fällen auch die eigene Überforderung akzeptiert wird.

Diese Ideen werden entwickelt, bevor der Transformer überhaupt ins Spiel kommt. Die Entscheidung, einen Transformer hinzuzuziehen, ist daher mit Erwartungen, Befürchtungen und u.U. mit strategischen Überlegungen verbunden:
1. Warum wird ein Transformer eingeladen und z.B. kein Betriebsausflug organisiert?
2. Was sind mögliche Ziele und Erwartungen?
3. Was wäre nach einer erfolgreichen Konflikttransformation anders?

Die Einladung eines Transformers kann viele Gründe haben, z.B.:
→ den Wunsch, den Konflikt zu lösen und wieder handlungsfähig zu werden;
→ Entscheidungen und Verantwortungen nach außen zu delegieren;
→ von einem/r Fachmann/Fachfrau endlich „Recht" zu bekommen, d.h. den Konflikt zu gewinnen;
→ die eigene Hilflosigkeit zu überspielen
→ oder das Anliegen überhaupt zu verändern.

Der Transformer ist mit der Tatsache konfrontiert, dass möglicherweise die Erwartungen und Aufträge einen Widerspruch in sich und zu seinem Selbstverständnis, zu seiner Rolle bilden. Würde er die ihm implizit angebotenen Funktionen unreflektiert übernehmen, verlöre er seine unabhängige Position und würde Teil des Systems – und damit auch Teil des Konflikts.

Die Herausforderung für den Transformer besteht daher darin, den Auftrag als Ausgangslage und Beschreibung einer möglichen Konfliktrealität, jedoch nicht als Bedingung für seine Arbeit zu definieren und das den Beteiligten auch deutlich zu machen. Damit schafft er die Voraussetzungen, um später die Beteiligten für Veränderungen einzuladen und in eigener Verantwortung einen anderen Umgang mit dem Konflikt zu finden. Dies ist nur möglich, wenn er während der ganzen Zeit eine Rolle einnimmt, die als unabhängig und gleichwertig zu bezeichnen ist.

Gleichwertigkeit und Unabhängigkeit meint in diesem Zusammenhang nach dem griechischen Arzt und Philosophen Sextus Empiricus (um 200 n.Chr.): „Die Skepsis ist die Kunst, auf alle mögliche Weise, erscheinende und gedachte Dinge einander entgegenzusetzen, von der aus wir wegen der Gleichwertigkeit der entgegengesetzten Sachen und Argumente zuerst zur Zurückhaltung, danach zur Seelenruhe gelangen.

Mit »entgegengesetzten« Argumenten meinen wir nicht unbedingt Verneinung und Bejahung, sondern schlicht »unverträgliche« Argumente. »Gleichwertigkeit« nennen wir die Gleichheit in Glaubwürdigkeit und Unglaubwürdigkeit, so dass keines der unverträglichen Argumente das andere als glaubwürdiger überragt. »Zurückhaltung« ist ein Stillstehen des Verstandes, durch das wir weder etwas aufheben noch setzen."

Gleichwertigkeit und Unabhängigkeit sind dabei Haltung und Methode. Dabei lassen sich verschiedene Arten unterscheiden:
1. *Gleichwertigkeit und Unabhängigkeit gegenüber den Personen*, d.h., der Transformer geht keine Koalitionen mit einzelnen Mitgliedern ein, Sympathie und Antipathie dürfen keinen Einfluss haben.
2. *Gleichwertigkeit und Unabhängigkeit gegenüber dem Konflikt.* Für die Beteiligten wird nicht deutlich, ob der Transformer den Konflikt für dringend notwendig oder überflüssig, sehr ernst oder belanglos hält.
3. *Gleichwertigkeit und Unabhängigkeit gegenüber den Konstrukten und Erklärungen.* Wie der Transformer sich selbst den Konflikt erklärt und welchem der Beteiligten er am ehesten zustimmt, bleibt offen. Der Transformer wird alle Erklärungen der Beteiligten kritisch hinterfragen und mit dem Konflikt-Transformations-Modell neue verändernde Erklärungen und Sichtweisen anbieten. Er wird aber keine Diskussion über richtige und falsche Erklärungen beginnen.
4. *Gleichwertigkeit und Unabhängigkeit gegenüber den Zielen und Lösungen.* Der Transformer weiß nicht, welche die beste Lösung für ein System ist. Er hilft dem System, die für sich selbst als gut erkannte Lösung zu erreichen.

Gleichwertigkeit meint aber nicht Gleichgültigkeit oder Beliebigkeit. Der Transformer wird für seine Arbeit bezahlt, aber er ist nicht käuflich. Das heißt, er hat seine Grundwerte, auf denen seine Haltung und Arbeit basieren. Diese sind entscheidend für seine Glaubwürdigkeit. Ziele von Unternehmen oder soziale Umgangsweisen, die im Widerspruch zu seinen Werten stehen, wird er nicht unterstützen. Er wird dies offen kommunizieren und gegebenenfalls auch die Zusammenarbeit beenden.

Neben der Gleichwertigkeit und der Unabhängigkeit ist die Respektlosigkeit eine weitere wichtige Grundhaltung des Transformers. Respektlosigkeit meint z.B. den Mut, die Weltbilder der Beteiligten in Frage zu stellen, Tabus und Illusionen zu benennen, Richtig-und-Falsch-Kategorien und „Das-haben-wir-schon-immer-so-gemacht"-Dogmen zu hinterfragen. Respektlosigkeit meint selbstverständlich nicht, sich über andere lustig zu machen oder sie als Person anzugreifen.

Mit seiner Gleichwertigkeit, Unabhängigkeit und Respektlosigkeit verhindert der Transformer, dass er für beteiligte Personen, für eine Idee oder eine Lösung parteiisch wird – und damit Teil des Konfliktes. Er würde dann auf einer Seite stehen und zur Eskalation des Konfliktes beitragen. Mit dieser unparteiischen Haltung verschafft der

Transformer sich und den Beteiligten Spielraum und letztlich die Möglichkeit für Veränderungen.

Die Haltung des Transformers kann mit aktiv-neutral oder unabhängig-engagiert beschrieben werden. Diese doppelte Begrifflichkeit versucht das Spannungsfeld seiner Arbeit aufzuzeigen. Er muss nahe genug beim Konflikt sein, um die Erwartungen, Einladungen, Wünsche, Ängste und Drohungen wahrzunehmen. Gleichzeitig versteht er diese Phänomene als Bestandteil des Konflikts. Sie dürfen daher keinen Einfluss auf seine Haltung, sein Denken und Handeln haben. Der Umgang mit Nähe und Distanz, Geduld und Handeln ist die große Herausforderung.

In der Arbeit kann sich der Transformer immer wieder folgende Kontrollfrage stellen: „Wie würden die Beteiligten und Betroffenen über mich und meine Arbeit urteilen?" Die Antwort müsste ungefähr so lauten: Er steht über der Sache und allen Beteiligten gleich nah. *Er weiß, worum es geht, und unterstützt die Beteiligten auf ihrem Weg, den Konflikt zu lösen.*

3.6 Konflikt-Transformation ohne externen Transformer

Nicht bei allen Konflikten können externe Transformer hinzugezogen werden. Viele Konflikte müssen von den Betroffenen alleine gelöst werden.

Daher stellt sich natürlich die Frage, ob das Konflikt-Transformations-Modell auch ohne externen Transformer einzusetzen ist, also nur von den Betroffenen selbst angewendet werden kann? Grundsätzlich: ja. Denn das Modell beinhaltet ein klares Vorgehen und verständliche Instrumente. Es hilft, einen Konflikt anders zu betrachten, seine Hintergründe sowie die Rollen und Verhaltensweisen der Betroffenen zu verstehen.

Allerdings müssen für die erfolgreiche Arbeit ohne externen Transformer bestimmte Faktoren berücksichtigt werden. Eine Erschwernis, die sich ergibt, ist die Betroffenheit aller. Die von einem Konflikt Betroffenen sind eben betroffen. Sobald ein am Konflikt Betroffener die Rolle des Transformers übernimmt, wird sein Verhalten, so sehr er sich auch um Sachlichkeit und Überparteilichkeit bemüht, von den anderen unweigerlich im Kontext des Konfliktes gesehen. Es besteht die Gefahr, dass er als parteiisch erlebt wird. Häufig wird dies sogar mit der Unterstellung einhergehen, damit als besonders clevere Strategie die eigenen Ziele besser erreichen zu wollen.

Um diese Hürde erfolgreich zu meistern, ist das weitere Vorgehen nach kontextueller Ausgangslage unterschiedlich. Entweder übernimmt der Vorgesetzte die Rolle des Transformers oder ein Team entscheidet sich gemeinsam nach dem Modell zu arbeiten.

Für den Vorgesetzten bewährt es sich, für diese Situationen sich einen Gesprächspartner oder Coach zu suchen und mit diesem sein Vorgehen, seine Rolle und die Umsetzung des Modells zu reflektieren.

3.7 Interventionen

Es fängt schon in der Kindheit an: Wenn zwei sich streiten, braucht es einen Dritten. Auch im Berufsleben gibt es im Konfliktfall meistens eine übergeordnete schlichtende Instanz oder zumindest jemanden, der eine Entscheidung trifft und durchsetzt. Die Erfahrung zeigte jedoch, dass Schlichten nicht immer einfach ist und gut gemeinte Interventionen oft falsch verstanden werden oder die gewünschte Wirkung nicht erreichen. Es kann daher sinnvoll sein, eine außenstehende Person, einen Transformer, herbeizuziehen oder zumindest diese Rolle zu übernehmen.

Von einem Transformer wird zurecht Hilfe bei der Lösung von Konflikten erwartet. Aber wie sieht diese Hilfe konkret aus? Was ist das eigentliche Handeln des Transformers?

Alle seine Handlungen lassen sich als Intervention (*lat.* intervenire = dazwischentreten) verstehen, deren Ziel es ist, den Beteiligten eine Konfliktlösung, d.h. die Anschlussfähigkeit an die neue Situation nach dem Konflikt zu ermöglichen.

Dabei gibt es keine Standardintervention, die für alle Konflikte passt. Interventionen müssen die für jeden Konflikt unterschiedlichen Voraussetzungen und Bedingungen berücksichtigen und entsprechend differenziert erfolgen. Denn jeder Konflikt hat seine eigenen Gesetze und Bedürfnisse. Interventionen sind umso erfolgreicher, je passgenauer und präziser sie gesetzt werden.

Aber woran nimmt der Transformer „Maß"? Wie trifft er die Entscheidung, welche Intervention adäquat ist? Über welche Instrumente verfügt er? Und wo sind die Grenzen seiner Möglichkeiten?

Die Grenzen der Interventionsmöglichkeiten sind grundsätzlich die gleichen wie bei jeder Trainings-, Schulungs- und Führungssituation. Sie liegen in der Autonomie der Beteiligten.

In der Systemtheorie wird zwischen autonomen Systemen und trivialen Maschinen unterschieden. Ein Auto ist zum Beispiel eine triviale Maschine. Der gleiche Input bewirkt immer den gleichen Output. Dreht man das Lenkrad beim Vorwärtsfahren nach links, werden die Reifen nach links einschlagen und der Wagen fährt nach links. Sehr erstaunt wäre der Fahrer, wenn sich stattdessen das Schiebedach öffnen würde. Dann würde er den Wagen einem Spezialisten bringen, der dafür sorgt, dass er sich wieder trivial verhält.

Anders ist es mit autonomen Systemen. Diese sind innengesteuert und nicht direkt von außen zu beeinflussen. Selbst ein deutlicher Befehl muss nicht zwangsläufig befolgt werden. Er kann von einigen Teammitgliedern direkt umgesetzt werden, während ihn andere ignorieren. Eine dritte Gruppe wiederum kann sich provoziert fühlen und sich der Weisung genau entgegengesetzt verhalten.

Der Transformer hat also keinen direkten Zugriff auf das Handeln, und erst recht nicht auf das Denken und Empfinden der Beteiligten. Aber dies ist nicht nur bei der Konflikttransformation so, sondern bei allen zwischenmenschlichen Interaktionen. Auch der Ehemann kann sich nicht sicher sein, wie seine Frau auf die mitgebrachten Rosen reagiert: Freut sie sich oder wird sie misstrauisch?

Für die Wahl der Interventionen sind für den Transformer, unabhängig vom jeweiligen Konflikt, grundsätzlich *zwei Fragen* besonders relevant: Die *erste Frage* betrifft die unterschiedlichen Haltungen der Beteiligten, also in welchem Verhältnis sie zum Konflikt stehen, wofür sie den Konflikt brauchen oder eventuell missbrauchen. Jeder kennt aus der eigenen Erfahrung, dass nicht alle am Prozess (Konflikt) Beteiligten bereit sind, aktiv an der Lösung mitzuarbeiten. Manche sind vielleicht nur neugierig, andere sehen eine gute Gelegenheit, ihre Klagen und Unzufriedenheit zu äußern oder sich einen Vorteil zu verschaffen.

Alle an dem Konflikt Beteiligten lassen sich grob in drei verschiedene Gruppen aufteilen:

1. die „Besucher": Sie haben, bezogen auf den aktuellen Konflikt, keine Beschwerden und daher auch keine Ziele. Sie nehmen nicht aus eigener Motivation an dem Transformationsprozess teil, sondern sind z.B. von ihren Vorgesetzten geschickt oder von den Kollegen mitgenommen worden. Sie sind nicht Teil des aktuellen Konflikts, für entsprechende Veränderungen nicht motiviert und daher auch nicht am weiteren Konflikt-Transformations-Prozess beteiligt. Die einzig mögliche Intervention besteht in dem Versuch, sie in Betroffene zu transformieren und sie dadurch aktiv in den weiteren Prozess einzubeziehen – z.B. mit Fragen wie: „Haben Sie Beschwerden über die aktuelle Situation oder über die Beteiligten?"

2. die „betroffenen Kläger": Sie haben Beschwerden und auch Ziele. Sie wissen, welche Veränderungen sie sich wünschen. Sie sehen ihre Beteiligung am Problem, aber sie verstehen sich nicht als Teil der Lösung. Sie erwarten vielmehr, dass sich die Anderen (endlich) ändern.

Solange der Kläger nicht die Notwendigkeit erkennt, auch sich selbst an der Lösung zu beteiligen, ist er nicht oder nur sehr bedingt für Veränderungen seines Verhaltens motiviert und zu Kompromissen und möglicherweise auch Opfern bereit. Daher zielen die Interventionen für „Kläger" darauf ab, diese zu aktiven Beteiligten zu transformieren, damit sie von Problemopfern zu Lösungstätern werden. Dieser Perspektivenwechsel kann z.B. mit Wahrnehmungs- oder Suchaufgaben geschehen, die ihre Selbstwahrnehmung verändern, z.B. „Achten Sie auf Ausnahmen." Oder: „Was müssten Sie aktiv tun, damit der Konflikt weiter zunimmt?"

3. *„die aktiv Beteiligten"*: Sie haben sowohl eine Beschwerde als auch Ziele. Sie sind jedoch – im Gegensatz zu den Klägern – auch aktiv an der Lösung des Konfliktes interessiert. Außerdem sehen sie sich selbst als Teil des Problems und als Teil der Lösung. D.h., sie sehen die Notwendigkeit, selbst aktiv zu werden, und wünschen sich Unterstützung für die angestrebten Veränderungen. Entsprechend können hier die Interventionen eindeutige Anregungen oder Vorschläge sein.

Im Konflikt-Transformations-Modell ist es keine Vorraussetzung, dass die Beteiligten freiwillig am Lösungsprozess eines Konfliktes teilnehmen. Es ist für den Transformer aber eine wichtige Information und er wird seine Interventionen darauf anpassen.

Die *zweite grundsätzliche Frage* für den Transformer ist: Was hält den Konflikt aufrecht? Diese Frage erscheint auf den ersten Blick vielleicht überraschend. Denn in der Regel sind die Beteiligten nicht an der Aufrechterhaltung eines Konfliktes interessiert. Oft streben sie sogar sehr engagiert seine Lösung an. Trotzdem gibt es immer wieder Konflikte, die von den Beteiligten nicht oder nur teilweise zufrieden stellend beendet werden können.

Zum Beispiel kann ein Gruppenleiter sich seiner Rolle als Chef unsicher sein und sich als „Gleicher unter Gleichen" fühlen. Da er nicht weiß, wie er Hierarchie erstellen soll und ob er das überhaupt will, unterlässt er entsprechende Handlungen. Das Team kann nun aber gerade den Vollzug dieser Handlungen erwarten, z.B. klare Entscheidungen oder die Übernahme von Verantwortung. Auf den Unmut im Team reagiert der Chef mit verstärktem kollegialem Verhalten, da er die wahrgenommene Distanz zum Team reduzieren möchte. Dies wiederum verstärkt den Unmut des Teams usw.

Die entscheidende Frage ist daher, wie und warum manche Konflikte bestehen bleiben. Warum sind manche konflikthafte Situationen nicht zu beenden?

Um Konflikte aktuell zu halten, ist ein aktiver Einsatz, eine stabilisierende Dynamik notwendig. Sonst wären sie schon gelöst. Um Konflikte aufrechtzuhalten oder ihre Lösung zu verhindern, gibt es formal nur zwei Möglichkeiten: Entweder wird von den Beteiligten ein Verhalten gezeigt, das – aus der Sicht der Konfliktbewältigung – besser unterlassen werden sollte, oder es wird ein Verhalten unterlassen, das besser gezeigt werden sollte.

So können wiederholt Vorwürfe und Anschuldigungen formuliert werden oder – wie in dem obigen Beispiel – ein gewünschtes hierarchisches Verhalten vermieden werden.

Hier wird die eigentliche Aufgabe des Transformers deutlich. Die Intervention in den Konflikt mit dem Ziel, die problemerhaltenden Muster außer Kraft zu setzen. Das kann entweder durch die Unterbrechung von Verhaltensmustern oder durch die Initiierung/Anregung eines bestimmten neuen Verhaltens geschehen.

Das Konflikt-Transformations-Modell beinhaltet für den Transformer Diagnoseinstrumente und gleichzeitig direkte Interventionen. Sie zielen darauf ab, den Beteiligten ein neues Verständnis für den Konflikt und die Konfliktgeschichte zu vermitteln, und dabei ihre eigene Rolle kritisch zu reflektieren und Optionen für neue Wege der Konfliktlösung zu erkennen.

Zusammenfassend kann festgehalten werden, dass Interventionen das eigentliche Handwerkszeug des Transformers sind. Dabei muss sich der Transformer bewusst sein, dass jede Intervention von allen Beteiligten Anpassungsleistungen verlangt. Die Differenz zwischen der Ausgangssituation und der möglichen neuen Situation darf daher nicht zu groß werden.

Mögliche Interventionen sind:
1. Aktives Einmischen des Transformers in die Konfliktdynamik, jedoch ohne dass er Partei ergreift.
2. Aufzeigen und Ermöglichen von Perspektivenwechseln, um Unterschiede erkennen und akzeptieren zu können.
3. Einladungen (Verführungen) zu neuem Verhalten, um verhandelbare Optionen zu ermöglichen.

Der Transformer interveniert während der Gespräche mit den Beteiligten, und er kann im Sinne einer „Abschlussintervention" eine „Verordnung", einen konkreten Vorschlag für die Zeit bis zum nächsten gemeinsamen Termin unterbreiten.

Letztlich ist jeder Kontakt zwischen den Betroffenen und dem Transformer in irgendeiner Weise eine Intervention (man kann nicht *nicht* intervenieren). Jede seiner Äußerungen, aber auch sein nonverbales Verhalten, werden von den Betroffenen wahrgenommen und interpretiert. Dies ist sowohl Chance als auch Risiko. Die Chance besteht in den Einflussmöglichkeiten des Transformers zur Lösung des Konfliktes. Das Risiko darin, dass in sein Verhalten und seine Äußerungen Absichten hineininterpretiert werden können, die er so nicht hatte.

3.8 Werkzeugkoffer

Wer nur einen Hammer hat, für den besteht die Welt nur aus Nägeln.

Um situationsangemessen reagieren und um die Beteiligten – falls nötig – überraschen zu können, ist ein großer Werkzeugkoffer, d.h. ein großes Repertoire von Interventionen, sinnvoll. In der folgenden Auflistung werden wichtige Werkzeuge vorgestellt. Bei der Aufzählung handelt es sich um eine Auswahl, die es dem Anwender ermöglicht, sich je nach eigener Ausrichtung, persönlichen Vorlieben und Erfahrungen, sein eigenes Repertoire aufzubauen.

Auch die Trennung der Interventionen ist künstlich. Die unterschiedlichen Interventionsarten werden im Folgenden in möglichst reiner Form beschrieben. In der Praxis sind Interventionen jedoch fast immer Mischformen der hier dargestellten Typen, was auch in den Beispielen deutlich wird.

Fragen

Wer fragt, führt. Fragen sind das Basisinstrument des Transformers. Mit ihnen werden Unterschiede deutlich und erzeugt.

Ziel der Fragen ist nicht, zu wissen, wie es „wirklich" ist. Vielmehr können durch Fragen die Beteiligten rigide Wirklichkeitsbeschreibungen überwinden und neue Perspektiven und Denkmuster finden – und sich damit neue Handlungsmöglichkeiten schaffen. Daher sind sie auch häufig im Konjunktiv formuliert.

Die einfachste Form, Unterschiede zu erfahren/zu machen, ist die **direkte Frage**: „Ist es ein lösbarer Konflikt? Sollten wir daher über mögliche Lösungen oder eher über ein Abfinden mit der Situation nachdenken?", „Teilen Sie alle diese Sichtweise?"

Mehr Informationen liefern Fragen nach **Skalierungen und Rangfolgen**. „Wie würden Sie den aktuellen Konflikt auf einer Skala von 1 bis 10 einstufen (10 stellt die maximale Konflikteskalation dar)?" „Wer wäre am ehesten bereit, einen Kompromiss einzugehen und wer würde als Letzter von seiner Position abrücken?"

Die Fragen nach den **Beschreibungen, Erklärungen und Bewertungen** veranschaulichen unmittelbar, dass der gleiche Konflikt von den Beteiligten völlig unterschiedlich wahrgenommen wird, dass es unterschiedliche Erklärungen und Bewertungen gibt. Aus einem Entweder-oder wird eine Vielfalt unterschiedlicher Sichtweisen.

Mit **Verflüssigungsfragen** lassen sich feste Zuschreibungen und die statisch erscheinenden Eigenschaften der Beteiligten „aufweichen". Die Eigenschaften werden zu Verhalten, das Folge einer bewussten Entscheidung ist, so wird z.B. aus „er **ist** autoritär" – „er **zeigt** sich autoritär": „Wie müssten Sie sich künftig verhalten, damit das Team auch weiterhin den Eindruck hat, Sie wären stur und nicht an einer Konfliktlösung interessiert?"

Die **Wunderfrage** nimmt die Lösung des Konfliktes vorweg, ohne erklären zu müssen, wie sie zustande gekommen ist (wie das bei Wundern so ist). Mit dem Lösungsszenario kann die Kreativität der Beteiligten geweckt und lähmende Situationen gedanklich überwunden werden. In einem hypothetischen Raum lässt sich überlegen, wie eine Ideallösung aussehen könnte, was die Kriterien dafür wären und wie die weitere Zusammenarbeit im Team aussehen würde. Die Wunderfrage kann auch den Fokuswechsel von der Problem- zur Lösungsfokussierung einleiten: „Angenommen, der Konflikt wäre über Nacht gelöst – kein Mensch weiß wie –, wer würde es morgen früh zuerst merken? Und woran genau würde sie oder er es zuerst merken? Was wäre danach anders?"

Eine Form der „**Von-Opfern-zu-Tätern-Frage**" lässt sich gut daran anschließen: „Angenommen, nachdem der Konflikt jetzt (hypothetisch) gelöst ist, wären Sie aus irgendeinem Grund gezwungen, den Konflikt wieder zu entfachen – was müssten Sie tun?" Und an die Anderen: „Und wenn er oder sie sich tatsächlich so verhalten würde, wie müssten Sie darauf reagieren, dass der Konflikt auch wirklich entsteht? Oder was müssten Sie machen, dass diesmal kein Konflikt daraus entstehen kann?"

Ressourcenorientierte Fragen erweitern das Feld der Möglichkeiten, indem sie die Fähigkeiten der Beteiligten ansprechen und einbeziehen. Auch die **Fragen nach Ausnahmen** zählen dazu: „Wie haben Sie in der Vergangenheit solche Konflikte bewältigt?", „Was sind die Stärken Ihres Teams?", „In welchen Bereichen läuft die Zusammenarbeit reibungslos?"

Zirkuläre Fragen gelten als eine der grundlegenden systemischen Methoden und Interventionen. Sie basieren auf der Annahme, dass menschliche Kommunikation ein kreiskausaler Prozess ist und sich Verhaltensweisen daher einander wechselseitig bedingen.

Zirkuläres Fragen fokussiert auf genau diese wechselseitigen Zusammenhänge. Wenn sie über Anwesende gestellt werden, ergeben sie zweifache Informationen: 1. die inhaltliche Information und 2. die Beziehungsbotschaft an die Anwesenden. Wenn sie über Abwesende gestellt werden, ergeben sie Informationen über die Einschätzung der Abwesenden und zwingen sie zu einem Fokuswechsel: „Wie erklären sich Ihre Mitarbeiter den Konflikt?", „Wenn ich Ihre Mitarbeiter fragen würde, was würden sie mir sagen, welche Rolle Sie in dem Konflikt einnehmen? Würden sie eher sagen, dass Sie sich aktiv für eine Lösung engagieren oder dass Sie um jeden Preis gewinnen wollen?"

Ideen sähen

So wie der Landwirt Samen säht, kann der Transformer neue Ideen für Erklärungen, Bewertungen und Lösungswege „sähen". Damit kann er zur Überwindung eingefahrener begrenzter Denkmuster beitragen und die Lösungsmöglichkeiten erweitern. Er schafft einen Bauchladen der Möglichkeiten. Dabei werden die neuen Ideen den Beteiligten sinnvollerweise eher wie ein warmer Mantel angeboten und nicht wie ein nasses Handtuch um die Ohren geschlagen: „Wie Sie sicher wissen, gibt es in einer Situation wie dieser mindestens fünf verschiedene Lösungsmöglichkeiten – vermutlich kennen Sie ja sogar noch mehr. Die fünf Möglichkeiten, an die ich denke, sind: ..." Oder: „Welchen Unterschied würde es machen, wenn Sie sich die Situation anders erklären würden, z.B. so ... oder so ...?", „Ihre Situation erinnert mich an einen ähnlichen Konflikt. Damals haben die Beteiligten überlegt, ob sie sich so ... oder so ... oder so ... verhalten sollen, und haben sich schließlich für ... entschieden."

Dabei lassen sich – je nach Situation – Beispiele wählen, die für die Betroffenen eher einengend wirken und damit Widerspruch und das Durchsetzen eigener Ideen auslösen oder Beispiele, die völlig überzogen, fast schon ungeheuerlich sind und in ihrem Windschatten eventuell neue Möglichkeiten eröffnen.

Positive Bewertung

Häufig beginnt der Transformer seine Zusammenfassung des Treffens und gegebenenfalls seine Abschlussintervention mit einer positiven Bewertung des Verhaltens aller Beteiligten während des Gesprächs oder im bisherigen Konfliktverlauf. So kann er das Engagement für eine Lösung ebenso positiv konnotieren wie die Zurückhaltung, durch die immerhin eine drohende Eskalation verhindert wird (siehe auch Umdeutung).

Die positive Bewertung erleben die Beteiligten als Wertschätzung. Sie gibt ihnen auch das Gefühl, vom Transformer verstanden zu werden. Dadurch steigt die Wahrscheinlichkeit, dass sie sich auf die weiteren Interventionen einlassen.

Beobachtungsaufgaben

Beobachtungsaufgaben ermöglichen eine künstliche Neutralität und dadurch eine (neue) Außensicht. Sie richten sich an die Betroffenen, sind aber auch für die anderen Beteiligten sehr gut geeignet. Diese haben sich bisher ausschließlich als Opfer der Situation erlebt oder nicht die Möglichkeit und/oder Notwendigkeit gesehen, sich aktiv für die Lösung des Konfliktes zu engagieren („Besucher" und „betroffene Kläger"). Das Ziel ist daher der Wandel von Besuchern und „Konfliktopfern" zu „Lösungstätern", die sich aktiv an der Konfliktbewältigung beteiligen.

Reines Beobachten gilt als unverfänglich und noch nicht als Veränderung. Aber da man sich nicht *nicht* verhalten kann, beeinflusst der Beobachter das System. Vor allem dann, wenn die anderen wissen, dass und was er beobachtet. Aber auch für den Beobachter selbst kann eine andere „Wahrnehmungsbrille" seine Wirklichkeitskonstruktion – seine Erklärungen und Bewertungen – und in der Folge vielleicht auch sein Verhalten verändern.

Beobachtungsaufgaben, die der Transformer stellt, können unterschiedliche Fokussierungen haben. So können sie sich auf das Verhalten und die Rollen im Konflikt beziehen: „Achten Sie bis zum nächsten Termin darauf,
→ wer aus dem Team am ehesten lösungsorientiert handelt und wer eher aktiv den Konflikt schürt;
→ wie das Team Sie im Konflikt erlebt, welche Rolle Ihnen zugeschrieben wird;
→ mit welchem Verhalten Sie den Konflikt noch ein klein wenig verstärken könnten."

Ein anderer Fokus ist der Blick auf Ressourcen und Ausnahmen:
→ „Beobachten Sie bis zum nächsten Termin, was in der Zusammenarbeit, in der Kommunikation gut funktioniert. Was sollte sich nicht verändern?"
→ „Wann und wo gibt es Ausnahmen, in denen der Konflikt nicht auftritt? Bei welchen Themen, Arbeitszeiten oder Handlungen geht das Team anders miteinander um? Und wie verhalten sich die Beteiligten dabei? Wie werden diese Ausnahmen von den Beteiligten erklärt?"

Verhaltensaufgaben

Verhaltensaufgaben sind direkte Anweisungen, entweder
→ ein neues Verhalten oder ein bekanntermaßen gut funktionierendes Verhalten zu zeigen, oder
→ ein Verhalten zu unterlassen oder zu reduzieren, von dem die Beteiligten wissen, dass es nicht funktioniert, oder
→ ein „überraschendes" Verhalten zu zeigen und die anderen Beteiligten können aufgefordert werden, darauf zu achten, ob sie es erkennen.

Umdeutungen

Mit ihren Beschreibungen, Erklärungen und Bewertungen geben die Beteiligten dem Konflikt und den zugehörigen Verhaltensweisen ihre Bedeutung. Eine veränderte Bedeutungsgebung kann neue Konsequenzen und Verhaltensweisen bewirken.

So kann der Transformer ein bislang negativ bewertetes Verhalten positiv deuten. Aus „Entscheidungsschwäche" kann der „Mut und die Stärke, unklare Situationen auszuhalten und nicht zu früh zu entscheiden" werden. Und „hitzige Diskussionen mit heftigen Vorwürfen" können ein Zeichen für ein „bedingungsloses Engagement für eine gute Lösung" sein.

Positionierung

Die Haltung des Transformers ist Gleichwertigkeit und Unabhängigkeit gegenüber den Positionen der Beteiligten. Als Intervention kann er diese Position punktuell bewusst aufgeben und Position beziehen. So kann er – verbunden mit einer Provokation – z.B. auf die Seite der Nichtveränderung gehen: „Mein Eindruck ist, Sie sind momentan emotional so involviert, dass ich, Ihre Vorgesetzten und auch Sie selbst momentan keine Chance für eine Veränderung haben. Wenn Sie glauben, dass sich die Situation so weit verändert hat, dass eine Veränderung möglich ist, melden Sie sich erneut bei mir."

Diese Art der Intervention kann auch mit einer zeitlichen Perspektive verbunden sein: „Es wäre zu früh, schon heute etwas zu verändern. Die Veränderungen kämen zu plötzlich, der Gesichtsverlust für die Beteiligten wäre zu hoch. Daher rate ich Ihnen, noch drei Wochen am aktuellen Konflikt festzuhalten."

Sowohl – als auch

Auch die scheinbar widersprüchliche Haltung des „Sowohl-als-auch" ist eine Möglichkeit der Positionierung. Hierbei greift der Transformer beide Seiten der vorhandenen Ambivalenz der Beteiligten auf: „Schauen Sie, ich bin etwas ambivalent. Auf der einen Seite denke ich, es wäre sinnvoll, wenn der Chef ein Machtwort sprechen und den Konflikt entscheiden würde. Das hätte natürlich für alle Beteiligten seinen Preis, nämlich: ... aber auch viele Vorteile: ... Auf der anderen Seite denke ich, gerade dieser begonnene basisdemokratische Prozess wird zu einer guten Lösung führen. Natürlich hat auch dieser Weg seinen Preis: ... und seine Vorteile: ..."

Paradoxe Interventionen

Bei einer paradoxen Intervention wird den Beteiligten genau das Verhalten verschrieben, das sie – aus ihrer oder der Sicht des Transformers – besser unterlassen sollten. Sie sind dann angebracht, wenn sich die Beteiligten geradlinigen Vorschlägen „widersetzen" und/oder jegliche Veränderung als bedrohlich erlebt wird. Dann wird ihnen das verordnet, was sie ohnehin schon tun. Nur bekommt es durch den Transformer oder alleine schon durch die Tatsache, dass ausgerechnet dieses Verhalten verordnet wird, eine andere Bedeutung: „Herr Krämer, ich erlebe Sie als sehr kritisch. Ich wäre Ihnen dankbar, wenn Sie auch weiterhin bereit wären, den gesamten Prozess kritisch zu beobachten, damit nicht wichtige Aspekte verloren gehen und wir uns womöglich zu früh an den Erfolgen freuen."

Suchprozesse auslösen

In Konfliktsituationen ist die Wahrnehmung der Betroffenen noch mehr eingeschränkt als sonst. „Jetzt nur keine Unsicherheiten ..." – also wird am Alten festgehalten. Mit dem Auslösen von Suchprozessen werden die Betroffenen verführt, sich eine offene Situation zu erklären und so für sich zu klären. Die Intervention wird dabei bewusst so aufgebaut, dass ein möglicher Sinn nur schwierig zu finden ist. Die Interpretation und die Bedeutung müssen danach unbedingt besprochen werden.

So erhält z.B. eine Konfliktpartei die Aufgabe, auf dem Weg nach Hause durch eine bestimmte Straße zu gehen. Dort sei zur Zeit ein Plakat ausgehängt, das wunderbar zu ihrer Rolle im Konflikt passe.

Kontextveränderung

Konflikte sind häufig von starren, unverrückbar scheinenden Positionen geprägt. Die Veränderung des äußeren Rahmens, des Kontextes, kann ein erster Schritt für eine Aufweichung dieser starren Haltungen sein und auch im übertragenen Sinne Bewegung ins Spiel bringen. Der Transformer kann z.B. vorschlagen, die Sitzordnung zu verändern, den Ort des Treffens oder den Zeitpunkt. Auch die „Verordnung" von Spaziergängen, alleine oder vielleicht sogar mit dem Hauptkontrahenten, gehören dazu.

Rituale

Ein Ritual ist ein sich wiederholendes, gleich bleibendes Verhalten nach einer festgelegten „rituellen" Ordnung. Es ermöglicht ein Verhalten, das nicht hinterfragt oder begründet werden muss, und kann für andere Werte stehen (die Sportmannschaft macht vor dem Spiel einen Kreis und ruft z.B. einen Satz. Dieses Ritual kann für Siegeswille, Zusammenhalt, Teamgeist etc. stehen.)

Schlägt der Transformer ein Ritual vor, dann beschreibt er den Beteiligten genau, wann und wo sie sich wie verhalten sollen. Mit der Verschreibung übernimmt der Transformer die Verantwortung für die vollzogenen Handlungen. Die Beteiligten brauchen sich dafür nicht zu rechtfertigen. Damit werden neue Optionen möglich oder konflikterhaltende Verhaltensmuster unterbrochen.

Ein Ritual braucht eine Geschichte, die ihm seine Bedeutung gibt. Ein gutes Ritual „passt" für die Beteiligten, d.h., es koppelt an ihre Kultur, ihre Sprache, ihre Handlungsabläufe an. Es orientiert sich also vor allem an den emotionalen und kulturellen Ebenen: „Diese Firma lebt von ihrer Vielseitigkeit. Die kulturellen Unterschiede der Mitarbeiter sind Ihnen allen auch bewusst und Sie sehen auch die Chancen, die damit verbunden sind. Aber man hat den Eindruck, dass die Integration der unterschiedlichen Kulturen eher als schwer und mühsam angesehen wird. Die Leichtigkeit und Lebendigkeit und die darin verborgene Kreativität läuft jedoch Gefahr, übersehen zu werden. Daher schlage ich vor, damit Sie sich auch der leichten und kreativen Aspekte der unterschiedlichen Kulturen bewusst werden, reihum jeden Morgen um 9.30 Uhr den aktuellen Nr. 1-Hit aus einem der Herkunftsländer Ihrer Mitarbeiter über die betriebliche Lautsprecheranlage abzuspielen." Oder jeden Monat organisiert eine andere Kultur einen typischen Apéro und erzählt an einem Beispiel, wie in ihrer Kultur mit Konflikten umgegangen wird.

Metaphern und Geschichten

Vermutlich sind Metaphern und Geschichten die älteste Form, mit der Informationen, kulturelle und religiöse Wertvorstellungen weitergegeben und/oder bewahrt werden. Sie können in zweierlei Weise eingesetzt werden:

Erstens als **Analogie**: In diesem Fall beschreibt die Metapher oder die Geschichte eine Situation mit einer anderen und wirft ein neues Licht auf die Situation. Kritische, provokative und überraschende Aspekte lassen sich ebenso „einpacken" wie mögliche Fallen, Wendungen, Lösungen und neue Ideen. Analogien helfen, eine Situation zu verstehen, eine Dynamik in einer ungefährlichen, aber für die Betroffenen verständlichen Sprache zu beschreiben.

Analogien können aus den unterschiedlichsten Bereichen gewählt werden, zum Beispiel aus dem Sport: Die Geschichte vom Mut, den ein Fußballtrainer braucht, um einen sehr beliebten und sonst auch sehr guten Spieler vom Platz zu nehmen, wenn er seine Leistung nicht bringt. Aber der Trainer muss diese Entscheidung für das Team, für den Sieg treffen.

Zweitens zum Auslösen von **Suchprozessen** (siehe oben): Nicht gleich verständliche Geschichten initiieren die Suche nach einer Erklärung und ermöglichen einen neuen, auch unbewussten und irrationalen Zugang zur Beziehungs- und kulturellen Ebene. Viele orientalische und Zen-Geschichten sind ein Beispiel dafür. Berühmt ist z.B. die Frage des Zen-Meisters an seinen Schüler: „Du kannst den Ton zweier Hände hören, wenn Sie zusammenklatschen. Nun zeig mir den Ton einer Hand." (Paul Reps)

Die Drittel-Regel

Die „goldene Regel für Gebrauchtwagenverkäufer" (nach Arnold Retzer) ist auch für die meisten Interventionen anzuwenden. Entsprechend dieser Regel erzählt ein guter Verkäufer seinen Kunden im ersten Drittel Bekanntes. Das bewirkt, dass der Kunde in seinem Selbstwert gestärkt wird. Er fühlt sich verstanden, auch er hat Ahnung und Wissen von der Materie. Das zweite Drittel besteht aus neuen Informationen. Sie geben dem Kunden den Eindruck, Neues zu lernen und daher von der Situation zu profitieren. Das letzte Drittel ist völlig unverständlich. Dies löst beim Kunden einen Suchprozess aus und bewirkt, dass er in der Hoffnung wiederkommt, das Unklare doch noch klären zu können.

Humor

„Ohne Humor ist alles witzlos" (Fritz Simon). Humor ist ein Mittel zur Distanzierung und ermöglicht neue Perspektiven. In festgefahrenen Situationen kann er Wunder wirken. „Ist das eine Art Mikado, das Sie hier spielen: Wer sich zuerst bewegt, verliert?"

Humor ist eine Haltung, die viel bewirken kann, aber auch Fingerspitzengefühl verlangt. Er meint nicht, sich auf Kosten der Betroffenen oder Anderer lustig zu machen.

3.9 Ablauf und Vorgehen (Phasen)

Einleitung

Das Konflikt-Transformations-Modell basiert auf acht Phasen. Diese beschreiben den Beginn eines Konfliktes und die nachfolgende Konflikt-Transformation. Auch wenn im Alltag die Übergänge fließend sind, werden sie im Modell klar getrennt.

In der praktischen Arbeit sind die einzelnen Phasen in der Intensität, Ausprägung und Dauer je nach Ausgangslage, Situation und Anlass unterschiedlich. Sie werden als Prozess jedoch immer in der bestehenden Reihenfolge durchlaufen.

In der Darstellung des Modells wird jede Phase nach einem Kurzüberblick konkret beschrieben. Einen speziellen Schwerpunkt bekommt die Arbeit des Transformers. Unter dem Begriff „Reflektion für den Transformer" werden Hinweise zu Fallen, Kontrollfragen und Interventionen genannt. Alle Checklisten befinden sich im Anhang.

Überblick der einzelnen Phasen

1. *Zusammenprall:* erhöhter Energieschub, Unterschiede werden deutlich
2. *Filterwahl:* Wie wird mit Unterschieden umgegangen? Beginn des Konfliktmanagements
3. *Einstieg des Transformers:* eindeutige und verbindliche Arbeitsvereinbarung (Contracting)
4. *Konfliktdiagnose:* Es gibt eine gemeinsame Sicht der Konflikt-Dynamik.
5. *Zielfokussierung:* Mögliche Ziele und verhandelbare Optionen sind vorhanden.
6. *Vereinbarungen treffen:* Es gibt verbindliche Absprachen und Spielregeln.
7. *Verhandelbare Optionen umsetzen:* Neue Wege im Umgang mit Unterschieden werden umgesetzt.
8. *Bilanz und Abschluss:* Die ausgehandelten Optionen bewähren sich.

Phase 1 – Zusammenprall

Start: Der Alltag
Ziel: Positionen markieren
Unterwegs: Unterschiedliche Positionen prallen aufeinander.
Werkzeuge: Keine
Reflektion für den Transformer: Drei Kontrollfragen

Start: Die Ausgangslage jedes Konflikts liegt in der Unterschiedlichkeit der Menschen. Es gibt 6,2 Milliarden Menschen auf der Welt, aber keine zwei Menschen, die in ihren Zielen, Werten, Wünschen und Bedürfnissen identisch sind, und keine, welche die Phänomene ihrer Welt gleich beschreiben, erklären und bewerten. Und selbst jeder Mensch kennt innerhalb der eigenen Person widerstreitende Gefühle und Einstellungen. Er erlebt vermutlich viel häufiger Ambivalenz als Eindeutigkeit und sieht in einer Situation gleichzeitig Vor- und Nachteile. Z.B. steht die Vernunft immer wieder im Widerspruch zum Verlangen.

Daher gehört der Umgang mit Unterschieden zum Alltag jedes Menschen, zu jedem menschlichen System. Es werden permanent Entscheidungen zwischen Alternativen – individuell und interaktiv – getroffen und damit der Alltag und Beziehungen gestaltet.

Ziel: Die Beteiligten versuchen, ihren Weg durchzusetzen und Positionen zu beziehen. Dieser Entscheidung geht eine mehr oder weniger intensive Auseinandersetzung mit der Ambivalenz voraus.

Unterwegs: Auch wenn der Umgang mit Unterschieden zum Alltag gehört, lassen sich nicht alle Unterschiede bewältigen. Dann kommt es zum Zusammenprall, ein Konflikt kann entstehen. Das heißt, widersprüchliche oder unvereinbare Ansichten und Interessen, sich einander ausschließende Ziele treffen aufeinander.

Wie sich die (Konflikt-)Situation weiter entwickelt, hängt von der Frage ab, welche Bedeutung der eigenen Entscheidung und dem Zusammenprall durch die Beteiligten gegeben wird. Je nach Bedeutungsgebung stehen dann die unterschiedlichen Positionen auf einmal nicht mehr nur für die Unterschiede und sachlichen Anteile, sondern werden zur Beziehungs-, Kontext- und/oder zur kulturellen Frage.

Für einen Konflikt braucht es daher zwei Elemente, nämlich
a) einen Zusammenprall und
b) die entsprechende Bedeutungsgebung.

Ohne diese Verknüpfung würde die Situation als Problem oder als schwierige Situation bezeichnet werden und nicht zum Konflikt führen.

Reflektion für den Transformer: Der Transformer ist in dieser Phase noch nicht beteiligt. Aber er weiß um sie und kennt ihre Bedeutung. Er weiß auch, dass bereits vor dem Zusammenprall Unterschiede bestanden und die Beteiligten daher eine eigene Geschichte im Umgang mit Unterschieden haben. Deshalb ist für den Transformer wichtig, dass er sich – sobald er im Spiel ist – der Bedeutung dieser Phase als Geburtsstätte des Konfliktes bewusst ist und sie retrospektiv einbezieht.

Kontrollfragen:
1. Welche Unterschiede haben den Zusammenprall ausgelöst?
2. Welche Bedeutung geben die Beteiligten den Unterschieden und welche dem Zusammenprall?
3. Wie wurde vor dem Konflikt mit Unterschieden umgegangen?

Phase 2 – Filterwahl

Start: Der Zusammenprall
Ziel: Der weitere Umgang mit dem Konflikt ist gestaltet.
Unterwegs: Die Beteiligten entscheiden, wie sie mit den deutlich gewordenen Unterschieden umgehen.
Werkzeuge: Keine
Reflektion für den Transformer: Eine Kontrollfrage

Start: Der Zusammenprall hat stattgefunden, Unterschiede wurden deutlich. Die Beteiligten merken, dass sie Entscheidungen treffen müssen, wie sie sich nach dem Zusammenprall verhalten wollen. Diese Wahl wird durch die individuelle Prägung beeinflusst.

Ziel: Die Beteiligten haben sich durch die Filterwahl für ihren Umgang mit dem Konflikt entschieden. Die Wahl ist mit der Absicht erfolgt, den Konflikt im eigenen Sinn zu lösen. Dies kann erfolgreich sein und zur Lösung des Konfliktes führen. Es kann aber auch der Beginn eines weitergehenden Konfliktes sein.

Unterwegs: Die Beteiligten treffen – bewusst und/oder unbewusst – die Wahl im Umgang mit Unterschieden. Dabei entscheiden sie sich zwischen drei Möglichkeiten:
1. Sie können Unterschiede vermeiden und verleugnen. Es darf keine Konflikte geben, und es dominiert das Prinzip „Weder-noch". Die Beteiligten haben sich für einen Konflikt der verdeckten Unterschiede entschieden.
2. Sie können die Unterschiede betonen und verstärken. Die individuelle Position wird möglichst durchgesetzt, nach dem Prinzip „Entweder-oder". Die Beteiligten haben sich für einen Konflikt der offenen Unterschiede entschieden.

3. Sie können die Unterschiede akzeptieren und als mögliche Position sehen. Es gibt kein klares Richtig und Falsch, sondern ein „Sowohl-als-auch". Die Beteiligten haben sich für einen Konflikt der balancierten Unterschiede entschieden.

Die Wahl des Filters ist auch abhängig von emotionalen sowie von beziehungs- und kulturellen Aspekten (siehe Konfliktbaum) und entscheidet über den weiteren Verlauf.

Werkzeuge: Keine

Reflektion für den Transformer: Auch in dieser Phase ist der Transformer noch nicht beteiligt. Aber er weiß, dass hier von den Beteiligten die Art des Konfliktmanagements gewählt wird.

Er kennt die Bedeutung der Filterwahl und die Konsequenzen für das weitere Vorgehen.

Kontrollfrage: Welche Filter wurden gewählt?

Phase 3 – Einstieg des Transformers

Start: Kontaktaufnahme mit dem Transformer
Ziel: Eindeutige und verbindliche Arbeitsvereinbarung (Contracting)
Unterwegs: Klärung des Arbeitskontextes und der Spielregeln
Werkzeuge: Checkliste 1
Reflektion für den Transformer: Vier Kontrollfragen

Start: Die Beteiligten oder die Verantwortlichen haben entschieden, eine außenstehende Person, den Transformer, zur Lösung des Konfliktes hinzuzuziehen.

Oft geschieht dieser Schritt erst dann, wenn die eigene Überforderung akzeptiert wird. Davor gab es meist schon verschiedene vergebliche Lösungsversuche oder – noch häufiger – eine Wiederholung des gleichen Lösungsweges. Die bisherigen Lösungsversuche waren zwar gut gemeint, aber ohne Erfolg.

Die Voraussetzung für die Zusammenarbeit mit einem Transformer ist die Übereinstimmung der Entscheider, dass es einen Konflikt gibt, der nicht mit dem bisherigen Konfliktmanagement gelöst werden konnte.

Ziel: Klärung der zahlreichen Rahmenbedingungen und der Spielregeln, die den Konflikttransformationsprozess beeinflussen. Dies ist die Basis für einen Kontrakt über die Zusammenarbeit.

Unterwegs: Zum Zeitpunkt des Erstkontaktes – das ist wörtlich gemeint, d.h. das erste Telefonat, die erste eMail etc. – weiß der Transformer noch nichts über die Personen oder den Konflikt. Aber er kann mit Recht annehmen, dass es Anliegen und Erwartungen an ihn gibt. Und er weiß, dass es einen Kontext gibt, einen Rahmen, der die möglicherweise beginnende Zusammenarbeit entscheidend beeinflussen wird.

Ohne die Personen und den Konflikt zu kennen, hat er folgende Hypothesen:
Es gibt
→ Erwartungen an ihn, vermutlich auch Vorbehalte und Befürchtungen, d.h., nicht alle Personen werden ihm gleichermaßen gegenüberstehen;
→ vermutlich unklare Arbeitsaufträge und unterschiedliche Ziele;
→ Vorannahmen über ihn und seine Arbeitsweise;
→ explizite und implizite Spielregeln in der Organisation;
→ möglicherweise Erfahrungen mit anderen Beratern, vielleicht sogar zum gleichen Konflikt.

Aus seiner praktischen Erfahrung weiß der Transformer, dass sich die Zeit, die er zu Beginn eines Prozesses in die Klärung der Rahmenbedingungen und des Kontextes investiert, im weiteren Verlauf auszahlt.

Hier werden die Weichen für die weitere Zusammenarbeit gestellt, mögliche Hürden und Stolpersteine erkannt und aus dem Weg geräumt. So verhindert er, dass später immer wieder über Verfahrensfragen, Erwartungsenttäuschungen, vermeintliche Missverständnisse oder auf Nebenschauplätzen gestritten wird.

Direkt beim Erstkontakt nimmt der Transformer seine aktive, aber auch unabhängige Rolle ein. Bei der Klärung des Kontextes bleibt er neutral, d.h., er trifft keine Richtig-falsch-Entscheidungen und gestaltet den weiteren Prozess.

Anhand seiner Checkliste fragt der Transformer nach allen für seine weitere Arbeit relevanten Bereichen. Dabei ist die sorgfältige Kontextklärung keine reine Erfassung nüchterner Fakten. Sie ist Teil des Transformationsprozesses und eine Intervention in Richtung Veränderung. Indem verschiedene Sichtweisen, unterschiedliche Erwartungen und Befürchtungen der Teilnehmer deutlich werden, möglicherweise auch Tabus und bislang nie hinterfragte „Selbstverständlichkeiten" angesprochen werden, erhöht sich die Komplexität auch für die Beteiligten. Die unterschiedlichen Positionen und Sichtweisen werden für sie deutlich, alternative Verhaltensweisen bereits angedacht. Auch mögliche Vorstellungen zum Verhalten im Konflikt (Spielregeln des Konflikts) werden diskutiert und die nötigen Konsequenzen gezogen. Wird z.B. deutlich, dass es bisher keine verbindlichen Spielregeln im Konflikt gibt, muss zuerst versucht werden, solche zu erarbeiten.

Werkzeuge: Die Checkliste 1 orientiert den Transformer bezüglich der wichtigsten Aspekte der Kontextklärung. Nicht immer sind alle Fragen gleich relevant. Manche Fragen können schnell und leicht beantwortet, für andere muss mehr Zeit verwendet werden.

Reflektion für den Transformer: Die Fallen für den Transformer bestehen in dieser Phase darin:
1. Bei einem unbefriedigenden Contracting die Zusammenarbeit nicht abzubrechen.
2. Sich einzulassen, ohne dass verbindliche Spielregeln für den Umgang mit Konflikten vorhanden sind.
3. Sich zu schnell auf den eigentlichen Konflikt zu fokussieren und anzunehmen, dass bezüglich seiner Arbeit und der Spielregeln schon Einigkeit besteht.

Kontrollfragen:
1. Gibt es eine eindeutige und verbindliche Arbeitsvereinbarung?
2. Ist die Grundhaltung der Beteiligten und ihre Ausgangslage bezüglich Freiwilligkeit oder Verordnung zur Teilnahme bekannt?
3. Welche Spielregeln im Konflikt gibt es?
4. Wurde die Checkliste 1 umfassend behandelt?

Phase 4 – Konfliktdiagnose

Start: Eindeutige und verbindliche Arbeitsvereinbarungen liegen vor.
Ziel: Eine gemeinsame Sicht der Konflikt-Dynamik
Unterwegs: Diskussion, Reflexion und Konfliktdiagnose mit Hilfe der Instrumente.
Werkzeuge: Diagnoseinstrumente 1-3, Fragebogen F1, Checkliste 2
Reflektion für den Transformer: Drei Kontrollfragen

Start: Der Transformer hat mit den Verantwortlichen und Beteiligten einen für alle Seiten akzeptablen Kontrakt über die Zusammenarbeit und verbindliche Spielregeln für den Umgang mit Konflikten erarbeitet.

Für die Beteiligten stehen beim Konflikt die Inhalte, d.h. die unterschiedlichen Positionen bei den „Fakten", im Vordergrund. Die hohe emotionale Beteiligung nehmen sie zwar sowohl bei sich selbst als auch bei den Kontrahenten wahr. Sie berücksichtigen aber nicht ihren Einfluss auf die Entstehung des Konfliktes und seiner weiteren Dynamik. Kulturelle Aspekte werden oft völlig vernachlässigt.

Die Konfliktdiagnose ist eine Standortbestimmung und gleichzeitig eine zentrale Intervention, da sie den Fokus über die Inhalte des Konflikts hinaus auf die begleitenden Emotionen und kulturellen Hintergründe erweitert.

Ziel: Ziel dieser Phase ist das Entwickeln eines gemeinsamen Verständnisses des Konfliktes und seiner Dynamik. Die beteiligten Emotionen und kulturellen Hintergründe sind für die Beteiligten erkenn- und erklärbar und ihre Bedeutung für den weiteren Verlauf bekannt.

Sie wissen, welche Dynamik, d.h. welches Verhalten den Konflikt aufrecht erhält oder erhalten könnte und welche Rollen sie bislang eingenommen haben. Sie kennen Alternativen und die zugehörigen Konsequenzen.

Unterwegs: Der Zusammenprall unterschiedlicher, unvereinbarer oder sogar entgegengesetzter Positionen war Auslöser des Konfliktes. Mit der Filterwahl haben die Beteiligten über ihren Umgang damit entschieden.

Für die Beteiligten stehen die auslösenden Unterschiede im Vordergrund. Entsprechend ist für sie die Konfliktbeschreibung eine Darstellung der harten Fakten und der damit verbundenen vermutlichen Konsequenzen. Das ist allerdings nichts Neues. Die sachlichen Aspekte wurden in der Regel schon wiederholt und meist zunehmend emotional von allen Beteiligten dargelegt. Dies führte aber nicht zu einer Lösung, sondern nur zu einer Verhärtung der unterschiedlichen Positionen.

Die bei sich und den Kontrahenten auftretenden – zum Teil sehr starken – Emotionen werden als Begleiterscheinung wahrgenommen. Ihre Bedeutung für den Konflikt und seine Dynamik werden nicht hinterfragt.

Die kulturellen Aspekte des Konflikts bleiben meist sogar unerkannt. Da aber gerade die emotionalen und kulturellen Einflüsse maßgeblich zur Entstehung und Aufrechterhaltung des Konfliktes beitragen, kommt ihnen bei der Konfliktdiagnose eine besondere Bedeutung zu.

Die Konfliktdiagnose im Konflikt-Transformations-Modell ist eine Erweiterung des Fokus über die offensichtlichen Inhalte hinaus. Sie berücksichtigt die Affekte, Emotionen, kulturellen Aspekte, Werte und Vorurteile. Um im Konflikt handlungsfähig zu bleiben und um ihn lösen zu können, müssen die Beteiligten die unterschiedlichen Aspekte unterscheiden und interpretieren können. Damit gibt ihnen die Konfliktdiagnose ein neues Verständnis für die Situation, die Dynamik und für ihr eigenes Erleben.

Im konkreten Vorgehen werden die Beteiligten vom Transformer in einem ersten Schritt über die Rolle und die Bedeutung von Affekten und Emotionen in Konflikten informiert. Mit der Beantwortung des Fragebogens F1 werden sie eingeladen, ihre eigene emotionale Bewertung des Konfliktes, orientiert an dem von Osgood et al. beschriebenen Dimensionen einzuschätzen. Das Ziel ist die Wahrnehmung der eigenen emotionalen Anteile am Konflikt. Die Fragebögen können – je nach Situation – auch als Intervention offen besprochen werden oder verdeckt bleiben.

Im zweiten Schritt werden anhand des Konfliktbaumes die unterschiedlichen Anteile eines Konfliktes weiter differenziert und verdeutlicht. Anschließend werden sie für den aktuellen Konflikt reflektiert. Die leitende Frage ist: „Worum geht es bei dem Konflikt eigentlich?"

Die Bedeutung der sachlichen Aspekte wird damit stark relativiert und die Notwendigkeit, die Affekte, Emotionen, Beziehungs- und Machtfragen, die kontextuellen Aspekte und die kulturellen Wertvorstellungen für das Konfliktverständnis und das weitere Vorgehen einzubeziehen, deutlich.

Die Interventionen in der Diagnosephase haben eine hohe Bedeutung. Die Beteiligten verlassen die gewohnten Verhaltensmuster in einem Konflikt. Der Fokus der Aufmerksamkeit liegt auf den zwischenmenschlichen Beziehungen, auf bislang mehr oder weniger offenen Beziehungs- und Machtfragen. Auch die individuellen Wertvorstellungen und kulturellen Prägungen bleiben nicht selbstverständlich und unausgesprochen, sondern werden benannt und ihre Auswirkungen hinterfragt.

Mit dem Instrument „Filterwahl" nehmen die Beteiligten anschließend eine Außenperspektive auf den Konflikt ein. Es wird deutlich, welche Art von Konfliktmanagement sie getroffen haben und welche Konsequenzen – Chancen und Risiken – damit verbunden sind. Auch wird deutlich, dass ihre Sicht auf den Konflikt keineswegs objektiv ist, sondern von ihrer Wahrnehmung des Konflikts bestimmt ist.

Das Instrument „Dynamikkreis" verbindet die Innen- und Außenperspektive. Die Beteiligten können mit diesem Instrument sowohl ihre Haltung im Konflikt, d.h. das gewählte Konfliktmanagement (Filterwahl) als auch ihre emotionalen Reaktionen und ihr Verhalten bestimmen und überprüfen. Damit können sie die Auswirkungen ihrer eigenen Emotionen, aber auch die Gefahren der Eigendynamik des Konfliktes erkennen. Deutlich wird, dass jede Form des Konfliktmanagements und jede eingenommene Rolle ihren Preis hat.

Die Konfliktdiagnose ist ein zentrales Element. Die Beteiligten erhalten, unterstützt von den Instrumenten, ein neues und erweitertes Verständnis für den Konflikt, für die affektiven und emotionalen Aspekte und kulturellen Hintergründe und darüber hinaus für ihre individuelle Rolle. Sie erkennen, auf welchen Ebenen Lösungen gefunden werden müssen.

Den Beteiligten ist jetzt klar, welche Auswirkungen ihre möglichen unterschiedlichen Verhaltensweisen auf den Konflikt haben. Mit welchem Verhalten/welcher Rolle sie eher eine konstruktive Lösung ermöglichen bzw. eine Eskalation auslösen.

Ist die Phase der Konfliktdiagnose erfolgreich durchlaufen, wird nichts mehr so sein wie vorher. Denn das erworbene Verständnis der Beteiligten wirkt über den aktuellen Konflikt hinaus. Mit dem Wissen um den Konfliktbaum, der Filterwahl und dem Dynamikkreis wird sich ihr Verständnis gegenüber Konflikten grundlegend ändern und damit ihr Handlungsspielraum erweitern.

Werkzeuge: Der Fragebogen F1 leitet die Fokuserweiterung von den sachlichen Aspekten zu den Affekten und Emotionen ein.

Der Konfliktbaum, die Filterwahl und der Dynamikkreis sind Diagnoseinstrumente, die gemeinsam mit den Beteiligten für den aktuellen Konflikt angewandt und ausgewertet werden.

Die Checkliste 2 ist die Kontrolle des Transformers für eine umfassende Konfliktdiagnostik.

Reflektion für den Transformer: In dieser Phase gibt es für den Transformer vier Fallen:
1. die Bedeutung der Inhalte im Konflikt falsch einzuschätzen;
2. Affekte, Emotionen und kulturelle Hintergründe zu vernachlässigen;
3. die Sicht der Beteiligten auf den Konflikt einzunehmen;
4. sich von Emotionen anstecken zu lassen und die neutrale Position zu verlassen.

Kontrollfragen:
1. Wurde der Fragebogen F1 bearbeitet?
2. Sind die Diagnoseinstrumente 1-3 (Konfliktbaum, Filterwahl, Dynamikkreis) mit den Beteiligten besprochen und können die Ergebnisse für die weitere Arbeit genutzt werden?
3. Ist die Checkliste 2 vom Transformer beantwortet?

Phase 5 – Zielfokussierung

Start: Die Konfliktdiagnose ist erstellt, d.h. der Konflikt und die Rollen der Beteiligten sind dem Konfliktbaum, dem Dynamikkreis und der Filterwahl zugeordnet.
Ziel: Benennung möglicher Ziele und verhandelbarer Optionen
Unterwegs: Neue Sichtweisen im Umgang mit Unterschieden, andere Formen des Konfliktmanagements
Werkzeuge: Checkliste 3
Reflektion für den Transformer: Zwei Kontrollfragen

Start: Die Beteiligten haben nach der erfolgten Konfliktdiagnose ein neues, erweitertes Verständnis des Konflikts. Sie kennen die unterschiedlichen Konfliktebenen und die Bedeutung der vorhandenen Rollen.

Die Einbeziehung und Reflektion der Affekte, Emotionen und der kulturellen Aspekte in der Phase der Konfliktdiagnose hat den Umgang der Beteiligten miteinander verändert. Das neue Verständnis hat die bisherigen Diskussionen unterbrochen und ermöglicht neue Verhaltensweisen. Die Beteiligten können sich die auftauchenden Emotionen erklären und besser damit umgehen. Sie wissen, welche Dynamik den Konflikt weiter aufrechterhalten oder sogar eskalieren lassen würde. Und sie wissen, für welche Fragen sie eine Lösung suchen.

Ziel: Nicht mehr der Konflikt und die zugrunde liegenden Unterschiede stehen im Vordergrund, sondern mögliche Ziele und verhandelbare Optionen. Mögliche Lösungen werden präzise und vorstellbar.

Unterwegs: Eine noch so präzise Lagebestimmung und Situationsbeschreibung ist nicht zwingend mit Lösungsideen verbunden. Das präzise Wissen liefert unter Umständen überhaupt keine Hinweise auf eine mögliche Lösung.

Die Konfliktdiagnose erklärt das Zustandekommen des Konfliktes, die zugrunde liegenden Unterschiede und die Konfliktdynamik: Der Konflikt entstand durch deutlich gewordene Unterschiede, durch den Zusammenprall widersprüchlicher oder unvereinbarer Ansichten und Interessen. Einander ausschließende Ziele trafen aufeinander, die Beteiligten konnten die Unterschiede nicht mehr bewältigen. Affekte, Emotionen, kulturelle Aspekte und Wertvorstellungen prägen den weiteren Verlauf.

Nach dem bisherigen Konflikt-Transformations-Prozess ist den Beteiligten jetzt klar, was den Konflikt auslöste und ihn aufrechterhält. Eine Lösung des Konfliktes ist damit allerdings noch nicht verbunden.

In der Mehrzahl aller Fälle – insbesondere bei Konflikten der offenen bzw. verdeckten Unterschiede – versuchen die Beteiligten, den Konflikt durch die Auflösung der sichtbar gewordenen Unterschiede zu lösen. Dieser Weg funktioniert nicht. Er bewirkt im Gegenteil eine Verschärfung des Konfliktes.

Im Konflikt-Transformations-Modell gilt: Die Unterschiede bleiben bestehen, die Konflikte werden gelöst. Das heißt, die Lösung eines Konflikts erfolgt nicht über die Aufhebung der bestehenden Unterschiede, sondern in der Einigung auf ein gemeinsames Ziel.

Der Transformer hat in dieser Phase die Funktion und Aufgabe eines Moderators. Er klärt gemeinsam mit den Beteiligten die möglichen Spielräume. Seine Haltung ist dabei lösungs- und zielorientiert. Er kommuniziert, dass alle Lösungsvorschläge der Beteiligten nie unumstößliche Tatsachen sind, sondern immer verhandelbare Optionen bleiben.

Bei eingefahrenen Positionen erweitert er die Komplexität, d.h., er erhöht die Anzahl der Möglichkeiten. Er lädt ein, eingefahrene Wege zu verlassen und Neues zu entdecken und auszuprobieren. Bei zu großer Vielfalt, d.h. bei zu vielen Zielen und Optionen reduziert er die Komplexität auf die wesentlichen Punkte und beugt so einer Beliebigkeit vor, die im Extremfall zur Handlungsunfähigkeit führen könnte.

In jedem Fall achtet der Transformer darauf, dass auch die Kriterien für die Erreichung der genannten Ziele und Optionen präzisiert werden. So stellt er eine möglichst hohe Übereinstimmung im Verständnis der Beteiligten her, und die Ziele werden attraktiver, je klarer und präziser sie beschrieben werden. Die Motivation, sie zu erreichen, steigt.

Bei der Konfliktdiagnose wurde deutlich, auf welchen Ebenen Lösungen gesucht werden. Die dabei unterschiedenen und für den aktuellen Konflikt reflektierten Ebenen – Inhalt, Beziehungen und kulturelle Aspekte – werden auch bei der Zielfindung berücksichtigt. Die Prioritäten und die Reihenfolge des Vorgehens werden gemeinsam mit den Beteiligten und den Verantwortlichen geklärt.

Werkzeuge: Die Checkliste 3 gibt dem Transformer eine Auswahl relevanter Fragen für diese Phase.

Reflektion für den Transformer: Die Fallen für den Transformer sind bei der Zielfokussierung:
→ Einstieg in das bestehende Konfliktmanagement, d.h., er versucht, wie schon die Beteiligten zuvor, den Konflikt durch Überwindung der bestehenden Unterschiede zu lösen, und stabilisiert damit den Konflikt;
→ eigene Ziele und Lösungen über die der Beteiligten zu stellen;
→ mit den eigenen Zweifeln an den gewählten Zielen nicht umgehen zu können;
→ Überforderung, kreative Wege zu öffnen bzw. eine übermäßige Vielfalt einzugrenzen;
→ die genannten Ziele bleiben oberflächlich, die Kriterien für die Zielerreichung werden nicht genannt;
→ Fokussierung nur auf eine Ebene, meist die sachliche. Für die Ebenen der Beziehungen und kulturellen Werte werden keine Ziele gesucht.

Kontrollfragen:
1. Ist die Checkliste 3 beantwortet?
2. Haben die Beteiligten den Fokuswechsel vom Konflikt zu Lösungen vollzogen?

Phase 6 – Vereinbarungen treffen

Start: Die unterschiedlichen verhandelbaren Optionen und Ziele sind deutlich.
Ziel: Verbindliche Absprachen und Spielregeln für das weitere Vorgehen zur ausgewählten Option
Unterwegs: Die unterschiedlichen Optionen werden balanciert, die jeweiligen Vor- und Nachteile diskutiert. Eine Entscheidung für eine Option ist getroffen, der weitere Weg der Umsetzung beschrieben.
Werkzeuge: Checkliste 4
Reflektion für den Transformer: Drei Kontrollfragen

Start: Die Beteiligten haben ihren Handlungsspielraum geklärt, verhandelbare Optionen und mögliche Ziele benannt. Die Ziele sind präzisiert, die Kriterien für die Zielerreichung bekannt.

Ziel: Entscheidung der Beteiligten für eine Option. Die konkreten weiteren Schritte auf dem Weg ihrer Umsetzung sind geklärt, ebenso die Kriterien für die Erreichung von Zwischenzielen. Fallen und mögliche Hindernisse sind bekannt.

Unterwegs: Nicht jeder Konflikt ist für alle Beteiligten zufrieden stellend lösbar. Jede Lösung hat ihren Preis.

In dieser Phase der Konflikttransformation werden die verschiedenen Optionen im Hinblick auf ihre konkreten Konsequenzen, die Vor- und die Nachteile, die Chancen und Risiken von den Beteiligten diskutiert und abgewogen. Ist der gemeinsame Nenner der verhandelbaren Optionen gefunden und die Entscheidung für ein Ziel gefallen, werden die weiteren Schritte, d.h. die konkrete Umsetzung besprochen und festgelegt.

Auch in dieser Phase übernimmt der Transformer die Rolle des Moderators. Er motiviert die Beteiligten, aber er provoziert auch und hinterfragt die gewählte Option und insbesondere Scheinlösungen kritisch. Er benennt mögliche Hürden auf dem Weg der Zielerreichung und diskutiert mit den Beteiligten, wie sie einen Rückfall in das ursprüngliche, nicht funktionale Konfliktmanagement auslösen oder welche Gründe zu einem Verstoß gegen die getroffenen Vereinbarungen führen könnten. Je deutlicher diese Stolpersteine benannt und allen bekannt sind, umso besser und wahrscheinlicher lassen sie sich vermeiden.

Der Umgang mit nicht vorhergesehenen Konsequenzen wird daher ebenso diskutiert und festgelegt wie der Umgang mit Verstößen gegen die getroffenen Vereinbarungen.

Die Gefahr in dieser Phase der Konflikt-Transformation besteht darin, dass die Beteiligten wieder zu ihrem ursprünglichen Konfliktmanagement zurückkehren. Die Diagnosetools Konfliktbaum, Filterwahl und Dynamikkreis bleiben daher auch in dieser Phase präsent. Es wird kontinuierlich differenziert, auf welcher Ebene gerade eine Lösung gesucht wird und mit welcher Filterwahl aktuell mit den bestehenden Unterschieden umgegangen wird.

Werkzeuge: Die Checkliste 4 listet dem Transformer eine Auswahl relevanter Fragen für diese Phase auf.

Reflektion für den Transformer: Die Fallen für den Transformer sind in dieser Phase:
→ einen Rückfall in das ursprüngliche Konfliktmanagement nicht zu bemerken;
→ Scheinlösungen nicht kritisch zu hinterfragen;
→ ein einheitliches Verständnis der gewählten Option anzunehmen und auf eine Präzisierung zu verzichten.

Kontrollfragen:
1. Sind die Fragen der Checkliste 4 beantwortet?
2. Gibt es eine verbindliche Einigung auf das weitere Vorgehen?
3. Sind die Konsequenzen und die konkreten weiteren Schritte allen Beteiligten klar?

Phase 7 – Verhandelbare Optionen umsetzen

Start: Die Aufgaben sind verteilt, die nächsten Schritte sind besprochen.
Ziel: Die Beteiligten können mit dem Konflikt umgehen, kennen neue Wege im Umgang mit den Unterschieden.
Unterwegs: Die vereinbarten Schritte werden umgesetzt, begleitet und ausgewertet.
Werkzeuge: Keine
Reflektion für den Transformer: Drei mögliche Fallen

Start: Die Entscheidung für eine der möglichen Optionen ist gefallen. Die Beteiligten kennen das Ziel und die damit verbundenen Chancen und Risiken. Das weitere Vorgehen ist miteinander vereinbart. Zeitplan, Ressourcen und die Kriterien für die Zielerreichung sind festgelegt. Jeder hat sich mit seinen Aufgaben und den Erwartungen, die an ihn gestellt werden, auseinander gesetzt.

Ziel: Sie haben ein differenziertes Verständnis des Konflikts. Nicht vorhergesehene Konsequenzen sind besprochen. Die Beteiligten können mit den Instrumenten arbeiten und praktizieren neue Wege im Umgang mit Unterschieden.

Unterwegs: In dieser Phase der Konflikt-Transformation setzen die Beteiligten die getroffenen Vereinbarungen um. Sie lernen einen neuen alternativen Umgang mit Unterschieden, einen neuen Weg des Konfliktmanagements. Jetzt müssen sich die ausgehandelten Optionen und Vereinbarungen bewähren.

Für eine erfolgreiche Umsetzung müssen bei der Konfliktdiagnose die Ebenen der Beziehungsklärung und der kulturellen Aspekte erfasst worden sein, sonst werden die getroffenen Vereinbarungen u.U. nur halbherzig eingehalten.

Eine weitere Herausforderung liegt in dieser Phase in der Bewältigung von neuem Verhalten und dessen Konsequenzen sowie nicht vorhersehbaren Nebenwirkungen. Lösen sie einen Rückfall in den ursprünglichen Umgang mit Konflikten – in die bis dahin übliche Filterwahl – aus? Bewirken neue und überraschende Aspekte des Konfliktes eine erneute Eskalation oder werden die Unterschiede wieder vermieden und bleiben unausgesprochen? Oder haben die Beteiligten ein neues Verständnis von Konflikten gewonnen und können ihr Wissen und die Instrumente auf die neue Situation anwenden?

Der Transformer tritt in dieser Phase in den Hintergrund. Er nimmt die Rolle eines Begleiters ein. Er bleibt im Kontakt mit den Beteiligten und interveniert, wenn die Umsetzung stagniert oder neue Konflikte nicht bewältigt werden. In diesem Fall beginnt er – mit den neuen Informationen – wieder mit der Konfliktdiagnostik und analysiert die veränderte Situation. Unter Umständen wird dieser Kreislauf mehrmals durchlaufen. Das ist meist dann der Fall, wenn die Beteiligten die Bedeutung der unterschiedlichen Konfliktebenen (Konfliktbaum) unterschätzen und sie mit dem Ziel einer sachlichen Lösung nur vordergründig reflektieren – und der Transformer dabei mitspielt!

Reflektion für den Transformer: Die Fallen für den Transformer sind in dieser Phase:
→ blindes Vertrauen in die ausgehandelten Lösungen;
→ Rückfall der Beteiligten in alte Gewohnheiten und früheres Konfliktmanagement zu übersehen;
→ fehlender Mut, einen Prozess zu unterbrechen und erneut in frühere Phasen einzusteigen.

Phase 8 – Bilanz und Abschluss

Start: Die ausgehandelten Optionen bewähren sich.
Ziel: Abschluss der Konflikt-Transformation, der Transformer verabschiedet sich. Die Beteiligten können die Instrumente nutzen.
Unterwegs: Abschiedsritual mit Feedback-Schleife und Rückfallprophylaxe
Werkzeuge: Rituale
Reflektion für den Transformer: Vier Kontrollfragen

Start: Die Beteiligten haben den Konflikt gelöst. Sie haben die getroffenen Entscheidungen erfolgreich umgesetzt und auch unvorhergesehene Auswirkungen bewältigt. Die Verabschiedung des Transformers wird vorbereitet.

Ziele: Der neue Umgang mit Unterschieden und die gewählte Konfliktlösung haben sich bewährt. Die Beteiligten verstehen den durchlaufenen Prozess, die Dynamik des Konfliktes, die eingeleiteten Veränderungen und ihre Hintergründe. Sie können mit dem Konflikt-Transformations-Modell und den zugehörigen Instrumenten arbeiten und es für künftige Konflikte nutzen. Sie verabschieden sich vom Transformer.

Unterwegs: Im Laufe des Prozesses hat der ursprüngliche Konflikt für die Beteiligten seine Bedeutung verändert. Die explizite Einbeziehung der Affekte, Emotionen und Werte hatte den Effekt, eine lösungsorientierte Diskussion zu ermöglichen. Das war die Vorraussetzung und Chance für eine Konfliktlösung.

Mit der schrittweisen Veränderung hat sich auch die emotionale Haltung der Beteiligten zum Konflikt verändert. Jetzt haben sie in der Regel eine handlungsfähige Haltung erreicht. Konflikte können gelöst werden, Unterschiede bleiben jedoch bestehen und können neue Konflikte auslösen. Der Umgang mit Unterschieden ist Alltag. Das Ziel dieser Phase im Konflikt-Transformations-Prozess liegt darin, eine Generalisierung über den konkreten Konflikt hinaus zu ermöglichen. Das heißt, dass die Beteiligten das neu erworbene Wissen und die gewonnene Routine im Umgang mit den Instrumenten über den jetzt gelösten Konflikt hinaus auf neue Konflikte übertragen können.

Die Aufgabe des Transformers ist daher, mit den Beteiligten im Sinne einer Bilanz den gesamten Prozess, die einzelnen Abschnitte, Instrumente, Chancen und Hürden zu reflektieren. Anschließend wird er den Fokus der Wahrnehmung in die Zukunft richten und klären, wie eine optimale Integration der Methode in die Organisation gelingen kann. Hier kann der Transformer eine provokative und skeptische Haltung einnehmen und mögliche Hindernisse, Hürden und Widerstände aufzeigen.

Die letzte Phase im Konflikt-Transformations-Modell beinhaltet noch einen weiteren Aspekt. Der Ausgang für die Zusammenarbeit mit dem Transformer war ein konkreter Konflikt. Für die Beteiligten standen einander unüberwindbar scheinende Gegensätze im Vordergrund. Im Laufe des Prozesses wurde mit dem Konfliktbaum der Fokus auf andere Aspekte erweitert. Hier wurden unter Umständen grundlegende Unterschiede zwischen den Beteiligten deutlich, die auch nach der Konfliktlösung bestehen bleiben können. Falls es den Beteiligten zukünftig nicht gelingt mit ihnen umzugehen, können sie Auslöser für neue Konflikte sein.

Für die Lösung zukünftig möglicher Konflikte hat der Transformer keinen Auftrag. Er kann jedoch die gewonnenen Erkenntnisse ansprechen und ihre Bedeutung, insbesondere die Chancen und Risiken, mit den Beteiligten reflektieren.

Eine weitere Möglichkeit für den Transformer besteht darin, ein Ritual für die Beteiligten zu kreieren, das genau die Aspekte aufgreift, um mögliche problematische Muster zu unterbrechen und neue Handlungsoptionen zu ermöglichen.

Werkzeuge: Rituale

Reflektion für den Transformer: Der Abschluss des Prozesses birgt drei Fallen für den Transformer:
1. sich die erreichten Veränderungen selbst zuzuschreiben und dies auch zu kommunizieren;
2. die Selbstorganisation und die Eigendynamik des Systems zu unterschätzen;
3. Stolpersteine beim weiteren Vorgehen nicht zu benennen.

Kontrollfragen:
1. Ist den Beteiligten bewusst, was sie geleistet haben und wie sie es geleistet haben?
2. Haben sie ein Verständnis für das Konflikt-Transformations-Modell entwickelt und können sie mit den Instrumenten arbeiten? Sehen sie seine Chancen und Möglichkeiten?
3. Kennen sie die möglichen Stolpersteine/Konfliktauslöser in ihrer Organisation?
4. Wie sehen die Beteiligten die Rolle des Transformers zum Abschluss der Zusammenarbeit? Wird er auch jetzt noch als aktiv-neutral und unabhängig-engagiert beschrieben?

4 Blitzlichter

4.1 Blitzlicht zu Phase 3: Einstieg des Transformers

Blitzlicht: Wir treffen aufeinander und suchen den Faden

Der Anruf erfolgt mit der Anfrage: „Wir suchen eine Beratungsfirma, die mit Krisen umzugehen weiß, zusätzlich Wissen in Kommunikationsberatung hat und notfalls auch für eine Konfliktlösung einsetzbar ist." Das Sekretariat informiert einen Transformer, der ein erstes Gespräch vereinbart, um Themen und Bedarf sowie Erwartungen der Anfragenden besser zu erfassen und das Angebot erstellen zu können.

Erstkontakt

„Herzlichen Dank, dass unser Gespräch so schnell zustande kam. Ich bin Ihnen sehr dankbar für Ihre Einsatzfähigkeit. Sehr erfreut, Sie kennen zu lernen. Ihr Ruf eilt Ihnen voraus und wir freuen uns, Ihr Interesse geweckt zu haben." Der freundliche, beinahe überschwängliche Empfang vermittelt, außer einer persönlichen und wertschätzenden Atmosphäre, das Gefühl des „Gebrauchtwerdens", vielleicht sogar ein bisschen von der Not des Gegenübers und einer möglicherweise zukünftig wichtigen Rolle.

Herr L., Geschäftsführer, und Frau S., Personalleiterin und stellvertretende Geschäftsführerin, empfangen den Transformer in einem Sitzungsraum, der von einem riesigen Tisch ausgefüllt wird. Der Raum wirkt gediegen, aber auch etwas steif. Nachdem alle Platz genommen haben, eröffnet Herr L. das Gespräch. Er bedankt sich erneut für das Kommen und redet schnell und hastig. Die Kollegin unterstützt seine Aussagen mit Kopfnicken. Nach seiner Aussage wurde im letzten halben Jahr eine Umstellung der Abläufe und Zuständigkeiten angestrebt, diese wurde punktuell umgesetzt und stehe nun vor der letzten Realisierungsphase. Seit circa einem Monat gebe es jedoch Spannungen zwischen den Abteilungsleitungen und Projektverantwortlichen. Neben unausgesprochenem Unmut sei es auch zu offenen Auseinandersetzungen gekommen. „Sie können sich vorstellen, wie schwierig das Tagesgeschäft wird, wenn auf dieser Ebene Unruhe entsteht. Disziplinlosigkeit und mangelnde Aufgabenerfüllung der Mitarbeiter sind ein Faktor, die Auswirkung mit Fehlern beim Kunden aber der gewichtigere Teil. Wir haben zwei Großaufträge durch Schlampigkeit verloren, und ich kann hier nicht mehr tatenlos zusehen. Ich brauche Sie, um wieder Ordnung in den Laden zu bekommen."

Nach weiteren Ausführungen über einzelne Personen und Vorfälle übernimmt der Transformer die Gesprächsführung. Mit gezieltem Nachfragen bindet er auch die Personalleiterin ins Gespräch ein. Diese hält sich eher zurück und verweist immer wieder auf ihren Vorgesetzten: „Herr L. hat Ihnen schon alles Notwendige berichtet, ich möchte nur ergänzen, dass sich die Projektleiter des Ernstes der Lage und ihrer Aufgabe nicht bewusst sind. Sie nehmen ihre Führung nicht wahr, und diese Mitarbeiter bräuchten tatsächlich einmal einen Denkzettel, um zu lernen, was es heißt, Verantwortung für ein Projekt zu haben. Weiteres habe ich nicht hinzuzufügen, persönlich betroffen bin ich nicht."

Die Frage nach dem Ziel und den Erwartungen an die Konflikt-Transformation ergibt klare Hinweise: Die Projektleiter sollen zu Führungskräften geschult werden. Und sie sollen erfahren, welche Erwartung an sie und ihre Führung gestellt wird. Die Mitarbeiterinnen sollen ebenfalls ihre Aufgaben in dem Projekt erfahren. Nebenbei sollte auch der gesamte Konflikt und die ungute Stimmung gelöst werden, so dass alle zufrieden sind und gute Leistung erbringen können.

Der Transformer orientiert sich bei dieser Aufgabe am Konflikt-Transformations-Modell. Aus dieser Sicht formuliert er, dass Schulung nicht seine Aufgabe sein könne und es für die weitere Arbeit ein klares Bekenntnis zu einem Konfliktmanagement geben müsse. Er schildert den Anwesenden den gemeinsamen Weg, der ein stufenweises Vorgehen nach dem Konflikt-Transformations-Modell vorsieht. Im Weiteren soll die Liste der Teilnehmenden gemeinsam erstellt werden. Er lädt den Geschäftsführer und die Personalleiterin ein, das Angebot zu überdenken.

Der Abschied ist nicht weniger herzlich als die Begrüßung. Die Stimmung erscheint jedoch etwas gedämpfter und ernüchternder als zu Beginn des Gesprächs. Eventuell weil sich der Transformer nicht auf die vom Geschäftsführer favorisierte Lösung – die Schulung der vermeintlichen Verursacher der Misere – eingelassen hat. Und dadurch eine vielleicht erhoffte „schnelle" und „einfache" Lösung nicht anbieten konnte. Wenige Tage später hat der Geschäftsleiter nach seinen Worten das Gespräch verdaut und den Transformer mit der Arbeit nach dem Konflikt-Transformations-Modell beauftragt.

Herausforderung

Die für den Transformer herausfordernden Aufgaben beim Erstkontakt sind unter anderem, das Anliegen der Auftraggeber zu verstehen. Dabei wird in diesem Beratungsprozess sehr schnell deutlich, dass die Sichtweise: „… und es könnte alles auch ganz anders sein" wichtig ist. Klar schuldig Gesprochene in einer konfliktreichen Situation weisen auf unterschiedliche Positionen und Wahrnehmungen, nicht jedoch auf Richtig und Falsch hin. Die Chance, die unterschiedlichen Sichtweisen zu erkennen, Zusammenhänge herzustellen und diese zu kommunizieren, ermöglicht ein klares Contracting für den Transformationsprozess. Das ist eine massive Intervention. Diese hätte dazu führen können, dass die Auftraggeber eine Zusammenarbeit abgelehnt hätten. Die Gefahr für den Transformer bestand im vorliegenden Beispiel darin, die eigene Wichtigkeit für den Prozess zu überschätzen, die Sichtweisen der betroffenen Anwesenden zu übernehmen und in die Illusion zu geraten, alles verstanden zu haben.

4.2 Blitzlichter zu Phase 4: Konfliktdiagnose

Blitzlicht: Der Konfliktbaum

Die sechsköpfige Geschäftsleitung wollte möglichst bald eine Sitzung. Das Gremium war dem Transformer von einer früheren Zusammenarbeit bekannt, seine Unbefangenheit war jedoch gewährleistet. Den Vorsitz hatte eine Frau, das Geschäftsreglement gab ihr die nötigen Entscheidungskompetenzen zum Führen der Organisation. Das Klima innerhalb des Gremiums (drei Frauen und drei Männer) war dem Transformer als kollegial in Erinnerung. Meistens wurden Konsensentscheide angestrebt und auch gefunden.

Doch diesmal ließ bereits die Formulierung der eMail mit der Bitte nach einer Sitzung eine Änderung vermuten. Ohne die sonst üblichen freundlichen Formulierungen wurde nur kurz um einen sofortigen Termin gebeten. Der Grund: ein Riesenkonflikt in der Geschäftsleitung. Für Rückfragen stehe die Geschäftsführerin zur Verfügung. Der Transformer vereinbarte telefonisch einen Termin mit der Geschäftsführerin. Er beschränkte sich auf die Vereinbarung der Rahmenbedingungen (Anzahl der Teilnehmer, Wahl des Orts, Zeit etc.) und unterband inhaltliche Angaben zum Konflikt.

Schon zu Beginn der Sitzung offenbarten Gesichtsausdruck und andere nonverbale Signale wie auch die bisher unübliche Sitzordnung (auf der einen Seite die Frauen, auf der anderen die Männer) die Spannungen. Da der Transformer die Betroffenen bereits kannte, war man schnell beim Thema. Die Hauptaufgabe des Transformers bestand darin, Spielregeln für die heutige Sitzung zu formulieren und zu vereinbaren.

Die Standortbestimmung zeigte folgendes Bild: Die Geschäftsführerin kam vor kurzem von einem dreimonatigen beruflichen Aufenthalt in den USA zurück. Während ihrer Abwesenheit übernahm der Stellvertreter (einer der Männer) die Geschäftsführung. Bei schwer wiegenden Problemen sollte die Geschäftsführerin telefonisch informiert werden, was jedoch nie geschah. Nach der Rückkehr stellte die Geschäftsführerin eine gewisse Unruhe in der Organisation, am Hauptsitz fest. Die erste Sitzung der Geschäftsleitung mit einer Rückschau auf die drei Monate zeigte eine Budgetüberschreitung, die zum Teil vom Stellvertreter und einem weiteren männlichen Mitglied der Geschäftsleitung verursacht wurde. Die Geschäftsführerin habe in der Sitzung sehr gereizt reagiert und sprach von einem Vertrauensbruch, da sie nicht informiert worden sei. Am folgenden Tag wurde sie auch von der Präsidentin des Verwaltungsrates massiv angegriffen. Sie hätte den Betrieb nicht im Griff, und ihr Auslandaufenthalt wurde sehr kritisch bewertet („Wenn das nun der Preis für die Großzügigkeit des Verwaltungsrates sei ..."). In der darauf folgenden außerordentlichen Sitzung der Geschäftsleitung kam es über die Bedeutung der Budgetüberschreitung zu schweren

Auseinandersetzungen zwischen der Geschäftsführerin und dem Stellvertreter. Zum Schluss war das ganze Team völlig zerstritten und eine sinnvolle Kommunikation nicht mehr möglich. Daher beschloss man, den Transformer beizuziehen.

Als Beobachter fiel dem Transformer vor allem die hohe Emotionalität der Diskussionen auf, und dass über die Schwere und Bedeutung des eigentlichen Delikts, der Budgetüberschreitung, völlig widersprüchliche Angaben gemacht wurden.

In einem ersten Schritt versuchte der Transformer daher die Klärung der Situation anhand des Konfliktbaums. Dabei kamen die Anwesenden sehr schnell auf die Unternehmenskultur zu sprechen. Vor allem die beiden Frauen (nicht die Geschäftsführerin) machten deutlich, dass es überhaupt keine Streitkultur gäbe und bei jedem Problem entweder gar nicht oder überreagiert würde. Auch mit dem Verwaltungsrat sei es immer das gleiche Spiel: Er zeige entweder völliges Desinteresse oder mische sich auf der operativen Ebene übertrieben ein. Dies betreffe besonders Terminfragen. Der Verwaltungsrat mache oft unmögliche Vorgaben, und die Geschäftsleitung gehorche und renne und versuche Unmögliches möglich zu machen (oft auf Kosten der Qualität und der Zusammenarbeit). Außerdem wurde darauf hingewiesen, dass die Verwaltungsrats-Präsidentin ganz neu im Amt sei und nicht nur in diesem Zusammenhang gewisse Profilierungstendenzen zeige. In dieser Hinsicht bestand im ganzen Team Konsens. Auf die Frage des Transformers, wie denn die Geschäftsleitung mit diesem Problem umgehe, zeigte sich, dass dieses Problem großzügig der Geschäftsführerin überlassen wurde. Diese beklagte sich in diesem Zusammenhang über die mangelnde Unterstützung durch die anderen Mitglieder der Leitung.

Von den Männern wurde auf der kulturellen Ebene auf die – aus ihrer Sicht – falsche Solidarität der Frauen hingewiesen (siehe auch Sitzordnung). So hätte sich z.B. eine Frau seit der Rückkehr der Geschäftsführerin einfach auf deren Seite gestellt, obwohl sie vorher in Sachen Budgetüberschreitung die Meinung der Männer geteilt habe. Diese Hypothese war insofern interessant, als in der Geschäftsleitung früher mehrheitlich Frauen waren und erst in den letzten Jahren Männer Einzug hielten (mögliche Änderungen auf der Tiefenstruktur wurden nie diskutiert).

Die sehr engagierte Diskussion um die kontextuellen Anteile zeigte viele bis jetzt tabuisierte Unterschiede innerhalb der Leitung (Rollenverständnis, Abgrenzung Arbeit-Privatleben, Umgang mit Stress, informelle Kontakte etc.), aber auch zwischen Geschäftsleitung und Verwaltungsrat (Verständnis von operativer und strategischer Ebene, Auftreten des Verwaltungsrates gegenüber der Leitung etc.). Diese Situationen machten deutlich, dass gewisse Reaktionen wenig mit der Sache und den Personen als vielmehr mit alten Mustern und Verhalten zu tun hatten.

Die Klärung der kulturellen Anteile und auch die Trennung der einzelnen Ebenen machten es möglich, die nun folgenden Fragen der emotionalen Anteile etwas entspannter anzugehen. Sie bekamen jedoch sofort wieder Dynamik: Der Stellvertreter erklärte seine Kündigung, da er die Anschuldigungen und Beleidigungen durch die Geschäftsführerin nicht akzeptieren könne.

Die Herausforderung für den Transformer bestand in diesem Augenblick darin, keine Sympathie- oder Solidaritätskundgebungen zuzulassen, sondern die Anwesenden einzuladen, eine eigene Stellungnahme abzugeben. Er verordnete dazu eine kleine Pause, die einzeln verbracht werden musste. Die anschließende, sehr emotionale Aussprache war von Wut, Trauer, Enttäuschung etc. geprägt.

Dadurch war jetzt der Weg frei, um nochmals den auslösenden Faktor des Konflikts zu diskutieren. Nun war es möglich, die Budgetüberschreitung im ganzen Kontext zu sehen und einzuordnen. Dabei wurde deutlich, dass die Einschätzung so unterschiedlich nicht war.

Trotz der erfolgreichen Arbeit in der Konflikt-Transformation wollte der Stellvertreter seine Kündigung nicht mehr widerrufen. Spontane Reaktionen der Beteiligten nach der Sitzung wie auch die einige Wochen später stattfindende Auswertung zeigten, dass die Geschäftsleitung zu einer konstruktiven Zusammenarbeit fand und auch die restliche Zeit mit dem Stellvertreter als sehr gut bewertet wurde. Mit etwas Abstand und noch vor dem Weggang des Stellvertreters führte die Geschäftsleitung – nochmals unter Leitung des Transformers – eine Retraite durch. Man wollte aus dem Konflikt weiter lernen, um zukünftig mit Problemen besser umgehen zu können.

Bemerkungen zum Blitzlicht Konfliktbaum
Dieses Blitzlicht zeigt das Arbeiten mit dem Konfliktbaum (Phase 4 Konfliktdiagnose) und dessen Bedeutung für eine erfolgreiche Konflikt-Transformation. Es wird deutlich, wie sich sachliche, emotionale und kulturelle Aspekte gegenseitig beeinflussen und wie ein Aufzeigen dieser Abhängigkeiten helfen kann, lösungsorientiert zu arbeiten.

Die Herausforderung in dieser Konflikt-Transformation besteht darin, dass die Betroffenen nicht auf den sachlichen Anteilen beharren und einen Konflikt der offenen Unterschiede führen (z.B. Machtkampf zwischen Leiterin und Stellvertreter). Und dass sie die Bedeutung der kulturellen Aspekte erkennen und über den Weg einer veränderten Unternehmenskultur eine konstruktive Auseinandersetzung ermöglichen.

Blitzlicht: Wir einigen uns auf das Wesentliche

Das dreiköpfige Leitungsteam einer Organisation zur Fabrikation technischer Instrumente mit 200 Mitarbeitenden hat nach extrem persönlichen Anfeindungen und Uneinigkeit über den weiteren Verlauf der gemeinsamen Geschäftsführung eine Konflikt-Transformation begonnen. Es wurde vereinbart, den Konflikt gemeinsam zu lösen. Ziel ist die Entscheidung über eine weitere Zusammenarbeit, und – falls diese möglich ist – eine für alle stimmige Form der gegenseitigen Wertschätzung und Anerkennung zu finden.

Konfliktdiagnose

Bei der Betrachtung der unterschiedlichen Sichtweisen (Filterwahl) wird deutlich, dass zwei Geschäftsführer im Konflikt mit einer Entweder-oder-Haltung auftreten, während der Dritte die Weder-noch-Haltung einnimmt. Zwischen den Betroffenen kommt immer wieder eine hohe Spannung auf, und jede mögliche Angriffsfläche wird für weitere Zuschreibungen genutzt. Diese lauten z.B.: „Du bist ja nie da, die Sekretärin weiß aber, dass sie dich auf dem Golfplatz findet" – oder: „Wenn du so viel Interesse in den Betrieb stecken würdest, wie du für dein Auto aufwendest ..." Beim Besprechen des Dynamikkreises nimmt der Transformer die Reaktionen der letzten halben Stunde auf und spiegelt die eingesetzten Möglichkeiten zurück. Es entsteht eine Diskussion über „Wahlmöglichkeiten" und die Einschränkungen oder Verluste, die jeder für sich beim Verlassen der ihm „angestammten" Verhaltensweisen sieht. Sie sprechen ihre Unsicherheit und das Risiko bei einer anderen Reaktion an. Es wird Zeit, „Luft zu holen", und jeder zieht sich alleine zurück und überprüft, wie weit er meint, dass seine Reaktionen von den Reaktionen der Anderen abhängen und welche Rechtfertigungen für ihn selbst darin verborgen sind. Im Verlauf des danach folgenden gemeinsamen Gesprächs werden diese „Rechtfertigungen" mit den Wertehaltungen besprochen. Dabei treten bei der Anspruchshaltung im Führen, dem Wunsch nach Anerkennung der eigenen Arbeit und dem Vertrauen, das von den Kollegen vorausgesetzt wird, sehr große Ähnlichkeiten auf. Mit diesen gemeinsamen Anspruchshaltungen und dem Aufzeigen der verschiedenen Verhaltensweisen, mit denen diese erreicht werden können, wird die Sitzung beendet.

Der Transformer stellt Aufgaben, die bis zur nächsten Sitzung erfüllt werden sollen: „Überlegen Sie sich eine Situation, in der Sie große, für Sie glaubwürdige Anerkennung erhielten – und wie oder wodurch diese vermittelt wurde." Und die zweite: „Wie müssten Sie sich verhalten, dass Sie von den Kollegen garantiert keine Anerkennung erhalten?"

Herausforderung

Eine Aufgabe in diesem Prozessabschnitt war, die Geschichten und Muster sichtbar zu machen, ohne deren Unterschiedlichkeit zu bewerten. Mit einem Herantasten an die Grenzen und die Verletzbarkeit konnte erreicht werden, dass wieder Handlungsfähigkeit entstand und den Wert des Erreichbaren vorstellbar und spürbar werden zu lassen. Dabei entstand für den Transformer die Herausforderung, die Dynamik des Prozesses aufzuzeigen, ohne zu personifizieren und sich nicht von Emotionen und Stimmungen anstecken zu lassen und die Haltung der Ausweglosigkeit oder Bewegungsunfähigkeit mit zu „zementieren".

4.3 Blitzlichter zu Phase 5: Zielfokussierung

Blitzlicht: Welche Ziele tragen?

In einem Wohnheim für Jugendliche und Kinder soll Qualitätsmanagement eingeführt werden. Dadurch möchte man Transparenz im Betrieb schaffen, eine gemeinsame Ausrichtung und Identifikation erlangen und die neuen gesetzlichen Bestimmungen erfüllen. Kurz nach Beginn dieses Prozesses kommt es innerhalb des Leitungsteams zu unüberbrückbaren unterschiedlichen Positionen bezüglich der Ausrichtung des Heims. Der Qualitätsprozess wird abgebrochen und für die nächsten Schritte ein Transformer gesucht. Die Situation innerhalb des Leitungsteams – zusammengesetzt aus Direktor, Heimleiter, Hauswirtschaftsleiterin, Küchenchef, Psychologin und Pädagogin – wirkt auf den Transformer gebremst aggressiv bis depressiv.

Zielfokussierung

In der sechsten gemeinsamen Sitzung nach der Zustimmung zur Arbeit mit dem Konflikt-Transformations-Modell stehen folgende Themenfelder zur Diskussion: „Wo stehen wir im Prozess? Was können und wollen wir gemeinsam tragen? Was müssen wir – um dieses Ziel zu erreichen – dazu lernen?"

Zu Beginn der Sitzung werden die Zukunftsvorstellungen des Heimes in etwa sechs bis zehn Jahren skizziert. Die Vision jeder (Berufs-)Gruppe macht deutlich, dass eine intakte und harmonische Atmosphäre und verwobene Übergänge zwischen den Berufsgruppen für alle gut vorstellbar sind. Damit wären auch nötige Veränderungen, wie z.B. das Qualitätsmanagement, möglich. Das bringt eine merkliche Beruhigung und Entlastung für die Teilnehmerinnen. Die Stimmung entspannt sich sichtbar, ohne dass dafür schon Worte gefunden werden müssen.

In einer zweiten Arbeitssequenz stellen alle Geschäftsleitungsmitglieder ihr Beziehungsfeld aus der eigenen Sicht auf einem Arbeitsblatt dar. Verwirrende und unklare Beziehungen werden ebenso eingezeichnet wie die „schlechten" und die „guten". In Reflektion mit einer Person der eigenen Wahl werden auf Grund dieses Bildes persönliche Schritte mit sich selbst zur Klärung oder Verbesserung der sichtbar schlechten Beziehungen vereinbart.

Nach der erfolgreichen Sitzung sehen die Teilnehmer gemeinsam klar, wie sie die weitere Zukunft meistern können. Sie wissen, was sie verbessern müssen und wollen. Die Ziele, die vereinbart werden, lauten: Transparenz der Arbeitsbeziehungen im Leitungsteam und die Klärung der Unterschiede (ohne auf diese sofort reagieren zu müssen). Die Verbesserung der Beziehungsebene müsse derzeit vor der Konzeptarbeit stehen. Eine Wertediskussion wird geführt.

Der Weg zu diesen gemeinsam verabschiedeten Zielen führte über die Standortbestimmung, die im Rahmen des Konflikt-Transformations-Modells nach der Bearbeitung des Dynamikkreises durchgeführt wurde. In einem nach zwei Monaten durchgeführten Treffen konnte inhaltlich konstruktiv gearbeitet werden. Dieses war möglich, weil sich das Team wiedergefunden hatte und eine gegenseitige wertschätzende Haltung einnahm.

Herausforderung
In dieser Zusammenarbeit war das wichtigste Thema, Zieldivergenzen zu erkennen und stehen zu lassen („Unterschiede bleiben bestehen"). Mit dem Akzeptieren der Verschiedenheit der persönlichen und organisatorischen Ziele konnte sich das Team weiter auf die wesentlichen Ziele der gemeinsamen Arbeit fokussieren und an diesen arbeiten. Dazu mussten der „Sinn und Zweck" der Organisation gemeinsam neu definiert werden, im Sinne der gemeinsamen Sprachfindung. Der Transformer hatte hier die Orientierung zu geben, damit man den Wald vor lauter Bäumen noch sah.

Blitzlicht: Stellenwert der Intervention

In einem siebenköpfigen Team einer öffentlichen Beratungsstelle bereitete sich zunehmend eine lähmende und gereizte Stimmung aus. Jede kritische Rückmeldung wurde als persönliche Verletzung bewertet und deshalb vermieden. Auch wenn alle ihren Arbeitsauftrag noch erfüllten, fiel ihnen die Zusammenarbeit zunehmend schwer. Sie fühlten sich überlastet und urlaubsreif. Viele Krankheitsausfälle verstärkten die schlechte Stimmung. Missverständnisse häuften sich und es herrschte die Angst vor dem „großen Knall".

Nachdem auch zwei Gespräche mit der Dienststellenleitung über die „unerträgliche" Situation keine Verbesserung brachten, wurde ein Transformer eingeladen. Der Arbeitsauftrag des Teams war schnell formuliert: „Wir haben einen Konflikt im Team. Wir möchten ihn lösen und wieder so gut wie früher zusammenarbeiten können."

Die Konfliktdiagnose zeigte, dass das Team einen Konflikt der verdeckten Unterschiede führte. Für die Betroffenen wurde ihre hohe emotionale Beteiligung verständlich. Und es wirkte für sie erleichternd, dass es wenigstens auf der sachlichen Ebene keine unüberwindbaren „schlimmen" Konflikte gab.

Spannend wurde der Prozess mit der Zielfokussierung. Auch wenn alle Teammitglieder die Notwendigkeit beteuerten, neue Wege im Umgang mit Konflikten zu lernen, überwog der Wunsch, künftig – so wie früher – ein harmonisches, reibungsloses Team ohne Konflikte (resp. der verdeckten Unterschiede) zu sein. Die Angst vor einem offenen Konflikt, vor einer Eskalation – die es in dem Team noch nie gab –, erlaubte scheinbar keinen Spielraum.

Der Transformer beendete die Sitzung mit einer paradoxen Verschreibung: Es wäre zu früh für eine grundlegende Veränderung im Umgang mit Konflikten. Das Team solle bis zum nächsten Termin in vier Wochen weiterhin alle Unterschiede vermeiden. Und sollten überraschenderweise doch Unterschiede zwischen den Teammitgliedern deutlich werden, sollten diese nicht benannt, sondern schlichtweg ignoriert werden.

Beim nächsten Treffen berichtete das Team, dass es ihnen nicht gelungen sei, die Aufgabe zu befolgen. Im Gegenteil, ihnen seien immer mehr Unterschiede bewusst geworden und sie hätten auch darüber diskutiert. Vier Teammitglieder berichteten, sie seien über die neue Situation im Team etwas verunsichert und müssten sich erst noch orientieren.

Ab diesem Treffen war es möglich, die verschiedenen Optionen im Umgang mit Konflikten abzuwägen und sich – vorerst zeitlich befristet – für einen neuen Weg zu entscheiden.

Bemerkungen zum Blitzlicht „Stellenwert der Intervention"

Dieses Blitzlicht zeigt, dass bereits die Konfliktdiagnose eine starke Intervention sein kann. Im Weiteren wird der Einsatz einer paradoxen Intervention beschrieben, mit der die Schwierigkeit von Veränderungen angepackt wird. Gerade bei Konflikten mit verdeckten Unterschieden ist die Angst vor Veränderungen oft größer als der Leidensdruck, der eine Veränderung wünscht. Mit der Erklärung für die starke emotionale Beteiligung konnten die Betroffenen entlastet werden und die paradoxe Intervention ermöglichte erstmals, Unterschiede zu akzeptieren. Damit konnte zumindest kurzfristig wieder die reibungslose Zusammenarbeit erreicht werden.

Die Herausforderung für den Transformer bestand darin, die geeignete Intervention zu finden und sich nicht von der erreichten (Schein-)Zufriedenheit anstecken zu lassen, aber auch nicht mögliche Lösungen vorzugeben oder zu forcieren.

Blitzlicht: Verhandelbare Optionen

Die Privatklinik ist in den letzten Jahren stark gewachsen und gilt als Vorzeigemodell. Geführt und geprägt wurde sie in dieser Phase des Wachstums von einem sehr erfolgreichen Chefarzt – einer starken und charismatischen Persönlichkeit. Sein Führungsstil kann als herzlich-autoritär bezeichnet werden. Um den Veränderungen Rechnung zu tragen, wurde eine Vergrößerung der Leitung beschlossen. Der Chefarzt holte daher einen ehemaligen Oberarzt zurück in die Privatklinik. Dabei wurde diesem sowohl eine leitende Stelle in der medizinischen Abteilung als auch in der Geschäftsleitung übergeben. Dieses Vorgehen wurde allgemein begrüßt, war doch die frühere Zusammenarbeit über mehrere Jahre sehr erfolgreich gewesen.

Es zeigte sich jedoch bald, dass dies in der neuen Konstellation nicht mehr so war. Schon bald entstanden erste Spannungen zwischen dem bisherigen Klinikleiter und dem neuen Kollegen, die sich vor allem an Kleinigkeiten entzündeten. Zudem gab es auch unterschiedliche Auffassungen in medizinischen Fragen. Die Spannungen nahmen ständig zu, bis die Situation eskalierte: Es kam zu einem Machtkampf. Viele Entscheide wurden sofort zu einer Grundsatzfrage erklärt. Nachdem die Konfliktdynamik auch immer mehr das Personal erfasste, wurde beschlossen, eine externe Beratung, einen Transformer beizuziehen.

Die Arbeit mit dem Konflikt-Transformations-Modell zeigte, dass es sich um einen Konflikt der offenen Unterschiede handelte und zwischen den Protagonisten unüberbrückbare Differenzen vorhanden waren. Es wurde bald klar, dass eine Trennung unumgänglich wurde. Die Diskussionen über das weitere Vorgehen und die Verhandlungen über die Modalitäten verursachten sofort einen neuen Konflikt.

Auf der sachlichen Ebene ging es in erster Linie um große Geldforderungen. Hier standen gegenseitige Ansprüche im Raum. Die Gespräche, auch mit dem Personal, zeigten jedoch, dass hinter dieser Auseinandersetzung viele gegenseitige persönliche Verletzungen, Beleidigungen und Kränkungen standen. Der ehemalige Oberarzt fühlte sich zudem in seiner fachlichen Kompetenz gedemütigt, der Chefarzt ausgenutzt und missbraucht. Auch die kulturellen Hintergründe waren völlig unterschiedlich: Dem eher übervorsichtigen Schweizer stand ein temperamentvoller Südländer gegenüber. Ehre, Stolz, Autorität, Konflikte und vor allem das Lösen von Konflikten wurden völlig unterschiedlich definiert.

Erschwerend für den Konflikt-Transformations-Prozess kam hinzu, dass bei der Arbeitsaufnahme des Transformers bereits beide Parteien ihre Anwälte eingeschaltet hatten. Es war daher eine große Herausforderung, immer die richtigen Personen am „Verhandlungstisch" zu haben. Außerdem mussten immer auch die Auswirkungen auf das Personal berücksichtigt werden. Auf diesen Aspekt wird hier jedoch nicht näher eingegangen.

Der Transformer beschloss ab einem gewissen Zeitpunkt, sämtliche Gespräche nur noch auf einem neutralen Terrain zu führen. Da beide Protagonisten als Feinschmecker bekannt waren, wurde in einem bekannten Restaurant jeweils ein kleiner Saal gemietet. Diese Maßnahme hatte verschiedene Vorteile:

1. Für beide strahlte das Lokal eine positive Stimmung aus;
2. das Treffen war nach außen hin unproblematisch;
3. der öffentliche Ort machte emotionale Ausbrüche praktisch unmöglich.

Bei den verhandelbaren Optionen wurde schnell klar, dass eine sachliche finanzielle Regelung nicht möglich war. Die gegenseitigen Forderungen und ihre Begründungen waren so kompliziert, dass nur eine mehrmonatige Buch- und Rechnungsprüfung etwas Klarheit in die finanzielle Angelegenheit gebracht hätte (und nicht einmal das war sicher). Beim Diskutieren dieser Ausgangslage wurde mit der Unterstützung des Transformers erkannt, dass mit den Forderungen auch Rache, Kränkungen etc. verknüpft waren und eine sachliche Klärung nicht nur Monate dauern, sondern auch sehr viel Geld kosten würde. Diese Tatsache stand im Gegensatz zum gegenseitigen Wunsch einer raschen Trennung. Trotzdem waren beide Parteien nicht bereit, aufzugeben. Auch ihre Anwälte mussten erst für eine andere, „friedliche" Lösung gewonnen werden. Der Transformer führte daher in dieser Phase auch intensive Gespräche mit den Anwälten, um auch hier mögliche Optionen zu finden.

Obwohl beide Parteien nach außen weiterhin als Hardliner auftraten, wurde dem Transformer im Laufe des Prozesses signalisiert, dass beide einer Lösung ohne Gesichtsverlust zustimmen würden. Dies auch, weil die Diskussion möglicher Alternativen zeigte, dass sie sich auch weiterhin als Fachkollegen treffen würden. Angestrebt wurde eine Pauschallösung, mit der ein endgültiger Schlussstrich gezogen werden konnte.

Während die sachlichen Fragen vor allem mit den Anwälten diskutiert wurden, gelang es dem Transformer langsam, mit den Betroffenen nicht nur eine Chronik des Zorns und der Enttäuschungen, sondern auch der positiven Aspekte der vergangenen Zeit zu erarbeiten. Dadurch entspannte sich die Situation etwas, und gewisse Fehlverhalten konnten gegenseitig akzeptiert werden. Vor allem zeigte sich, dass bei der Anstellung von Anfang an viele Unklarheiten vorhanden waren, offene Fragen nicht genügend geklärt wurden. Zudem stellte sich die Verknüpfung von fachlicher und organisatorischer Leitung als unglücklich heraus.

Nachdem auf der Ebene der Emotionen und Beziehungen eine gewisse Entspannung auftrat und die kulturellen Unterschiede akzeptiert wurden, konnten auch die sachlichen Fragen zufrieden stellend gelöst werden. Der Transformer begleitete die Konfliktparteien jedoch weiterhin, um mit ihnen auch die kontextuellen Fragen zu lösen, zum Beispiel:
→ Wie wird die Trennung nach außen hin kommuniziert?
→ Welche „Bauplätze" müssen intern noch geklärt werden?
→ Wie kann verhindert werden, dass bei neu auftretenden Missverständnissen – völlig unabhängig vom ursprünglichen Konflikt – alte Verhaltensmuster für eine neue Eskalation sorgen?

Diese Phase dauerte noch einige Wochen, bevor – nach erfolgter Trennung – der Konflikt mit einem symbolischen Akt für beendet erklärt wurde. Ein Nachfragen nach sechs Monaten zeigte keine Rückfälle – der gemachte Schlussstrich scheint zu halten!

Bemerkungen zum Blitzlicht „verhandelbare Optionen"
Das Blitzlicht zeigt, wie oft auf unterschiedlichen Ebenen interveniert und verhandelt werden muss. Mögliche Vorschläge, erste Lösungsansätze sollen nicht als absolut betrachtet, sondern als verhandelbare Optionen umfassend ausgeleuchtet werden. Dadurch wird es den Betroffenen eher möglich, andere Standpunkte einzunehmen und dabei vorher nicht beachtete Konsequenzen und Nebenwirkungen zu erkennen.

Weitere prägnante Punkte in dieser Konflikt-Transformation zeigen:
→ *Kontextuelle Veränderungen sind oft schon eine erfolgreiche Intervention;*
→ *die Berücksichtigung wichtiger Personen während des Prozesses (Systemerweiterung) (hier: die Anwälte) öffnen neue Lösungsmöglichkeiten bzw. verhindern eine weitere Eskalation;*
→ *dass es für einen Transformationsprozess wichtig sein kann, genügend Zeit und Raum einzuräumen.*

4.4 Blitzlicht zu Phase 6: Vereinbarungen treffen

Blitzlicht: Die unterlaufende Vereinbarung

Ein Spital mit 1200 Mitarbeitern. Im Rahmen eines umfassenden Reorganisationsprozesses des gesamten Hauses tritt erneut deutlich und dieses Mal unumgänglich ein im Hause seit langem bekanntes Thema auf: die Verbesserung des „Aufnahmeverfahrens". Neben dem wirtschaftlichen Aspekt, der Erhöhung der Ausnutzung des Operationsbereichs sowie der Verbesserung des Images nach außen (Stichwort „Kundenfreundlichkeit"), sorgt die Energie eines neuen betriebswirtschaftlichen Geschäftsführers für die Suche nach einer Lösung dieses konfliktträchtigen Themas.

Die Bereiche Chirurgie, Anästhesie, Innere Medizin, Frauen- und Kinderheilkunde erhalten den Auftrag, gemeinsam ein Verfahren zur Steuerung der Bettenbelegung zu gestalten. In diesem sind Aufnahmen nach Voranmeldung und aus akutem Bedarf zu gewährleisten. Es sollen keine Zustellbetten eingesetzt werden und keine langen Wartezeiten am Tag der Aufnahme und auf einen OP-Termin entstehen. Die Umsetzung dieser Ansprüche ist seit mehreren Jahren ein immer wiederkehrender Konfliktpunkt. Er wurde bisher mit der Haltung „Darüber können wir uns sowieso nie einigen" nicht abschließend angegangen. Die Abteilungen sahen bei einer Lösung durch eine verbindliche Absprache auch ihre vermeintlichen Vorrechte schwinden oder ihre spontanen und individuellen Vorgehen in Frage gestellt.

„Vereinbarungen"

Es gab in der Projektgruppe bisher acht Sitzungen, an denen das bestehende Konfliktverhalten bearbeitet wurde. Nachdem alle Abläufe, Schnittstellen und Störstellen erkannt und sichtbar gemacht wurden, geht es heute um abschließend verbindliche Vereinbarungen. Es sind 12 von 16 Personen, Oberärzte oder delegierte Fachärzte, Mitarbeiter aus der Verwaltung und den Aufnahmesekretariaten, dem OP-Bereich Pflege und der Mitarbeitervertretung anwesend.

In der letzten Sitzung wurden fünf gemeinsame Ziele für die Zielerreichung befürwortet und vereinbart. Sie wurden jedoch nicht verabschiedet, da einzelne Mitarbeiter mit ihren Vorgesetzten Rücksprache halten mussten.

Mit der Verständigung über das Ziel des heutigen Tages – das Treffen verbindlicher Vereinbarungen – wird mit der Sitzung begonnen. Auf die Frage, „Wie wollen Sie sich auf Einhaltung Ihrer Vereinbarung überprüfen, und wie wollen Sie sich überprüfen lassen?", gibt es keine Antwort. Alle Anwesenden erwarteten den Lösungsvorschlag von dem Transformer. Auf die Frage des Transformers, wie nun weitergearbeitet werden solle, da er keine Lösung anbieten werde, kommt die Rückmeldung eines Arztes: „Ich verspreche gerne, andere zu überprüfen, und ich lasse mich auch überprüfen. Der Prüfer soll mir dann als Erstes bei Nichteinhaltung beweisen, dass ich falsch und mutwillig gehandelt habe und nicht aus einer Not heraus, die in einem Spital immer gegeben ist. Ich selbst gebe mir aber kein Versprechen, mich zu überprüfen. Denn eigentlich weiß ich von vornherein, dass ich es brechen werde. Andere zu überprüfen ist nicht schwer. Mir selbst brauche ich aber nicht schon von vornherein in die Tasche zu schwindeln!" Auch die darauf folgenden weiteren Wortmeldungen weisen in diese Richtung: Die getroffenen Vereinbarungen werden nicht ernst genommen und daher, jetzt schon absehbar, nicht verbindlich umgesetzt. Durch diese Offenheit, die erst nach der sehr intensiven Arbeit und dem Einsatz der Teilnehmenden in der Projektgruppe entstanden ist, war der „Scheinvertrag" nicht mehr möglich. Ein Schritt an den Anfang der Phase „Vereinbarungen treffen" ist mit neuen Voraussetzungen und Einstiegsbedingungen gegeben – ein mehr desselben, siehe auch die Entwicklung der letzten Jahre, ist nicht mehr möglich.

Herausforderung
In diesem Transformations-Prozess musste in der Phase der Vereinbarungen eine Rückkoppelung zur Phase der gemeinsamen Zielfindung stattfinden. Der „wahre Gehalt" der bisherigen Schritte musste überprüft und erneut vertieft auf den Punkt gebracht werden. Die Konkretisierung hatte hier zur Folge, dass weitere Teilnehmer in den Sitzungen dazukamen, mit dem Ziel, die Verbindlichkeit zu unterstützen und Transparenz über die nächsten Schritte aufzubauen.

Es war wichtig, dass der Transformer in dieser Phase nicht überaktiv wurde, dem Druck „Ich muss die Lösung bringen" nicht nachgab und die eigene Ungeduld sowie die der Teilnehmenden aushalten konnte.

4.5 Blitzlicht zu Phase 8: Bilanz und Abschluss

Blitzlicht: Ritual

Ein mittelgroßer, aber sehr erfolgreicher Betrieb wurde über längere Zeit durch einen Konflikt dominiert, der durch die Nachfolge-/Ablösungssituation nach dem Rücktritt des Geschäftsgründers entstanden war. Die Situation war sehr verfahren, weil der inzwischen 70-jährige Patron der alten Schule zwar formell zurückgetreten war, sich informell jedoch nach wie vor in die Geschäfte einmischte. Zudem hatte er – bewusst oder unbewusst – die Nachfolgeregelung sehr einseitig zu Gunsten einer von zwei Töchtern interpretiert und die zweite Tochter und deren Ehemann „zurückgesetzt". Da alle Familienmitglieder im Betrieb arbeiteten, bekam der Konflikt sehr schnell eine hohe Dynamik und lähmte die Geschäftsleitung teilweise erheblich. Wichtige Entscheide wurden vertagt, Sitzungen verschoben oder es fehlte jemand.

Auf Empfehlung des Treuhänders wurde ein Transformer hinzugezogen. Die Arbeit mit den Beteiligten zeigte sehr rasch den hohen emotionalen Anteil am Konflikt, bei dem offensichtlich alte Muster der Familie (Einseitigkeit, Lieblingskinder etc.) im Rahmen der Ablösung neu aufgetaucht und auf den Geschäftsbereich übertragen worden sind. Nach einer intensiven, aber offenen Zusammenarbeit konnte eine für alle Beteiligten akzeptierbare Option ausgehandelt und umgesetzt werden. Die Nachfolgeregelung war nun für alle Beteiligten akzeptierbar.

Es war jedoch auch klar, dass der „übermächtige" Familienvater und Unternehmensgründer noch lange seine Schatten im Betrieb werfen und die definitive Ablösung noch nicht möglich sein würde. Daher musste mit Rückfällen oder neuen Konflikten gerechnet werden.

Obwohl in der Bilanz- und Abschlussphase diese Perspektive besprochen wurde und alle Beteiligten sich eine erfolgreiche Konfliktbewältigung zutrauten, wurden für die kommende Zeit zwei Maßnahmen besprochen, die einen Rückfall verhindern sollten:

1. In den Verwaltungsrat wurde eine anerkannte und bedeutende Persönlichkeit aufgenommen, die explizit mögliche Konfliktpotenziale aufgreifen und schlichtend wirken sollte. Aus diesem Grund wurde sie in Absprache mit den Beteiligten auch über den Konflikt-Transformations-Prozess informiert.

2. Mit den beiden Schwestern wurde vereinbart, dass sie einmal monatlich alleine in einer benachbarten Stadt in einem vom Transformer bewusst gewählten Restaurant zusammen das Mittagessen einnehmen. Im Vorfeld dessen mussten sie sich jeweils einen Brief schreiben, in dem sie sich gegenseitig die Befindlichkeit und mögliche Kon-

flikte mitteilen. Beim Essen selbst durften sie nur bis zum Ende der Vorspeise über geschäftliche Belange sprechen, anschließend waren nur noch andere Themen erlaubt.

Mit dem Transformer wurde eine Auswertung nach sechs und zwölf Monaten vereinbart. Diese Gespräche zeigten, dass die Schwestern ihren gemeinsamen Ausgang einhielten und sogar Gefallen daran fanden. Obwohl längst nicht alle Fragen gelöst waren, ging vor allem das gegenseitige Ausspielen deutlich zurück. Die neue Person im Verwaltungsrat erzielte ebenfalls die erhoffte Wirkung, vor allem weil sie vom Firmengründer als Respektsperson und „neutraler Weiser" akzeptiert wurde und auch „Ratschläge" von ihm annahm.

Bemerkungen zum Blitzlicht „Ritual"
Dieses Blitzlicht beschreibt die Bedeutung der Phase „Bilanz und Abschluss". Im beschriebenen Transformations-Prozess soll ein Rückfall in alte Muster verhindert werden, da weitere interne Konflikte für das Unternehmen lebensbedrohlich werden könnten. Daher wurden
- *Maßnahmen auf der sachlichen Ebene beschlossen (neuer Verwaltungsrat);*
- *mit einem Ritual (Restaurantbesuch der Schwestern) die emotionalen und kulturellen Anteile angesprochen;*
- *Kontrollsitzungen vereinbart, welche präventiv Rückfälle verhindern helfen und – falls nötig – ohne einen erschwerenden Neuanfang Korrekturen ermöglichen sollen.*

Die Herausforderung für den Transformer besteht darin:
- *die erreichten Resultate positiv zu bewerten und dadurch auf weitere „präventive" Maßnahmen, Rituale und Kontrollsitzungen zu verzichten;*
- *ein passgenaues Ritual einzuführen, welches auf die Möglichkeiten und die „Kultur" der Personen und der Firma abgestimmt ist.*

5 Theoretischer Hintergrund

5.1 Erkenntnisse der Gehirnforschung

Nach dem aktuellen Stand der Gehirnforschung geht man davon aus, dass das Handeln von affektiven und kontextuellen Prägungen gesteuert wird. Das bedeutet, dass wir in unserem Handeln von Reaktionsweisen beeinflusst werden, die sich schon zu Beginn der Entstehung der Menschheit entwickelt haben. Diese haben unseren Vorfahren ermöglicht, in neuen Situationen blitzschnell zwischen gut und böse, stark und schwach sowie aktiv und passiv zu unterscheiden.

Das Dreistufen-Hirn

Paul D. MacLean hat mit dem so genannten „dreieinigen Gehirn" (englisch: *triune brain*) ein leicht verständliches Modell des Gehirns gezeichnet. Es zeigt das menschliche Gehirn in drei miteinander verbundenen Einzelgehirnen. Diese weisen unterschiedliche Strukturen und neurochemische Verbindungen auf und stammen aus jeweils unterschiedlichen Epochen unserer evolutionären Vergangenheit.

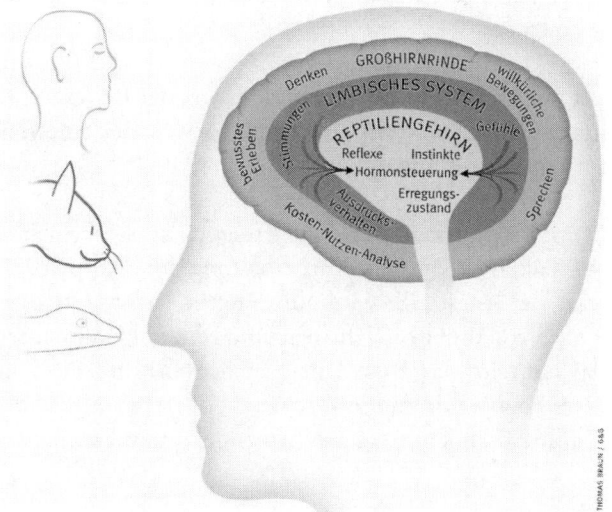

In der Gehirnforschung geht man davon aus, dass Menschen genetisch festgelegte „Grundeinstellungen" besitzen, welche die Abläufe im Nervensystem steuern und zu ähnlichen Reaktionen im Körper und der Mimik führen, z.B. bei Erregung oder Wut. Die Ausprägung des Verhaltens kann durch kulturelle Einflüsse oder andere Formen des Lernens verändert werden.

Dem innersten Kern, dem Stammhirn, Teilen des Zwischenhirns sowie dem Thalamus, bei MacLean Reptiliengehirn genannt, werden Reflexe, Instinkte und die Fähigkeit zur Erregung zugeordnet, der so genannte triebhafte Anteil. Alle Sinneserfahrungen werden hier aufgenommen und weitergeleitet.

Um diesen Kern liegt das Limbische System, durch das Stimmungen und Gefühle erlebt und das Ausdrucksverhalten beeinflusst werden. In Tierversuchen wurde es an diesen Stellen des Gehirns möglich, Verärgerung und Aggression mit den entsprechenden Reaktionen zu erzeugen. Die ebenfalls sehr tief in diesem Hirnteil liegende Amygdala beeinflusst die Kontrolle der Gewalttätigkeit. Die Verbindungen zwischen Limbischem System und dem inneren Kern kontrollieren auch die Informationsübermittlung an die Hormondrüse (Hypophyse) und steuern die Hormonausschüttung, z.B. bei Wut (Erregung).

Die äußerste Schale schließlich wird als Großhirnrinde bezeichnet. Sie steuert das bewusste Denken, Sprechen und Erleben, lässt willkürliche Bewegungen zu und stellt die Kosten-Nutzen-Analyse im Falle eines Konfliktes an. Dieser Teil des Gehirns hat sich im Laufe der Evolution beim Menschen erstaunlich entwickelt und ist, verglichen mit anderen Lebewesen, von unvergleichlicher Größe und Komplexität. Diese Entwicklung hat dem Menschen völlig neue Verhaltens- und Erlebensweisen ermöglicht.

In Erregungssituationen, wie z.B. einem konflikthaften Zusammenprall, entstehen im Gehirn folgende Abläufe:

Im *Reptilienhirn*, mit der triebhaften Basis und dem Sitz der Reflexe und Instinkte, werden Gefühle aufgebaut. Hier wird entschieden, inwieweit eine emotionale Beteiligung mit welchem Erregungszustand entsteht.

Auf der Ebene des *Limbischen Systems* wird die Erregung als unbewusste Stimmung erlebt, die sich im Verhalten (in Mimik, Körperhaltung oder Körperreaktionen wie Schwitzen) ausdrückt. Bei Angst z.B. wird auf „Angriff" oder „Flucht" geschaltet. Man spricht hierbei auch von flight-or-fight-reaction. Blitzartig werden Stresshormone ausgeschüttet. Das kann sich durch das Aufstellen der Haare oder in Form von steigendem Blutdruck äußern, die Stimme wird gepresst oder schrill. Auch der Grad von Wachsamkeit und Aufmerksamkeit steigt im Erregungszustand an.

Auf der „höchsten" Ebene, dem *Großhirn*, werden willentliche Bewegungen gesteuert, Sinneseindrücke verarbeitet und in komplex gesteuerte Prozesse umgesetzt. Mit ihm wird der Anlass der Angst oder Wut bewusst wahrgenommen, analysiert, beurteilt und über die Reaktion entschieden. Mit dem Großhirn wird der Grad der Aktivität gesteuert. In diesem Teil des Gehirns wird eine Art „Kosten-Nutzen-Analyse" aufgestellt.

Ein Beispiel: Sie fahren mit Ihrem Auto an einem Samstagvormittag zum Supermarkt. Sie haben den vollen Parkplatz schon dreimal umrundet (Ungeduld, Ärger, nasse Hände). Im Rückspiegel entdecken Sie ein Auto, das hinter Ihnen aus einem Platz herausfährt. Sie halten, schalten den Rückwärtsgang ein und blinken auf der entsprechenden Seite, bereit, auf die Lücke zuzusteuern. In diesem Moment fährt ein soeben eintreffendes Fahrzeug auf die Lücke zu. Sie müssen abrupt bremsen (autonome Reaktion des Körpers: die Luft bleibt weg, Wut steigt auf, ein Fluch liegt auf den Lippen) und drücken auf die Hupe. Der andere Fahrer steigt aus und schlendert davon. (Kosten-Nutzen-Analyse: Aussteigen und Hinterherrufen? „Der Gerechtigkeit wegen?" – Hinterherrennen und ihn am Kragen packen? „Um ihn zurechtzuweisen?" – Auf sein Auto eintreten? „Der Rache wegen?" – oder tief durchatmen? „Der Gesundheit zuliebe?" und weiterfahren und weitersuchen? „Vernunftgemäß?")

> „Wer Ärger zulässt, glaubt daran, dass man das Leben noch verändern kann. Wer den Ärger nicht mehr zulässt, glaubt nicht mehr daran."
> – Verena Kast

Neuere Untersuchungen in der Gehirnforschung zeigen, dass es kein separates Zentrum für Gefühle wie Wut und Ärger gibt. Die Kettenreaktion setzt sich jedes Mal unterschiedlich zusammen. Gleich bleibt der Ablauf: Auf das Ärgernis folgt der Erregungszustand im Nervensystem und die damit automatisch ablaufenden Körperreaktionen. Daraufhin folgen die Gefühlsempfindungen, die das Verhalten steuern. Im Anschluss folgt das Bewusstwerden von Stimmungen, die mit Hilfe des Erfahrungsschatzes bewertet und durch erlerntes Verhalten ausgedrückt werden. Im Konfliktfall oder in einer Stresssituation gilt für die Betroffenen, in einem blitzschnellen und ständigen Wechselprozess herauszufinden, welches Verhalten möglich ist und warum es gerade jetzt gewählt werden soll.

Daher befinden sich in den so genannten „Erfahrungsspeichern" mehr als eigene lebenslange Erinnerungen und kontextuelle Prägungen. Wobei es nur schwer möglich ist, auch nur annähernd zu wissen, was wie mit welcher Bedeutung gespeichert worden ist. Das heißt, dass die kontextuellen Prägungen, Erinnerungen und Empfindungen bei der Auswahl des Verhaltens eine gewichtige Bedeutung haben, aber nur beschränkt kontrollierbar sind.

Die Abläufe im Gehirn haben eine wichtige Funktion: Beim Auftreten von Emotionen wie Ärger, Wut oder Furcht zeigt sich, dass etwas „aus der Ordnung" geraten ist, und gibt damit einen Anstoß, die Situation zu ändern. Das Auftreten von Wut oder Verärgerung, Angst oder Unsicherheit kann auf eine gefährdende Situation hinweisen, die körperlichen Reaktionen daher als Schutzfunktionen verstanden werden.

Durch diese Emotionen wird die notwendige Energie, z.B. Angriff oder Flucht, freigesetzt. In einer Konfliktsituation gibt es im ersten Moment zwei Reaktionsmöglichkeiten: Flucht/Unterwerfung oder Angriff/Standhalten – diese können unterschiedliche Verhaltensweisen auslösen, z.B. schnell genug weglaufen, sich unsichtbar machen oder die Stirn bieten. In der zivilisierten Welt ist man in der Regel nicht mehr wie die frühen Vorfahren mit Steinbeil und Drohgebärden unterwegs. Aber die Reaktionsmuster bleiben dieselben.

Die Erklärungsmodelle aus Gehirnforschung und Verhaltenslehre zeigen, dass viele Reaktionsmöglichkeiten und Verhaltensweisen ohne aktive Mitwirkung erworben wurden.

5.2 Lernen

Unter Lernen wird im Allgemeinen der Erwerb von Wissen verstanden. Aber Lernen bedeutet auch die Umsetzung des Gelernten in die Praxis – nicht nur das Verstehen von abstrakten Methoden, sondern auch das Praktizieren derselben. Auch unsere sozialen Fähigkeiten und ihren Einsatz müssen wir lernen. Anders als z.B. beim Lernen mathematischer Formeln sind diese Lernerfolge aber nicht zwingend beschreib- und messbar. Zu sozialen Fähigkeiten zählen unter anderem die Möglichkeit, im Team zu arbeiten, das Erkennen von eigenen Ansprüchen und die Fähigkeit der Erfüllung derselben. Die Gestaltung kommunikativer Prozesse gehört ebenso dazu wie das Aneignen mentaler Fähigkeiten, z.B. in Zusammenhängen denken, die Fähigkeit zu Konzentration und Anspannung ebenso wie zur Entspannung, die ein wichtiger Teil für hohe Leistungsfähigkeit ist. Auch Veränderungsfähigkeit, d.h. die Reaktion auf sich rasch ändernde Bedingungen und Situationen, wird dazu gerechnet.

Lebenslang lernen

Bei der Geburt hat das Gehirn des Menschen das Optimum an (Neuronen-)Verbindungen: Das Gehirn ist somit weit „offen" für Lernen. Nach der Geburt reduzieren sich diese Verbindungen zu einer Bildung von „Mustern". Das ist die Reaktion auf die Reize und deren Verarbeitung. Aus der Vielfalt der Möglichkeiten wird nun eine Auswahl getroffen: Die Welt wird „kanalisiert". In diesem Zusammenhang entstehen im Hirn „Karten" oder „Muster", die individuell sind, also in ihrer Kombination für jeden Menschen einzigartig. Dabei bleibt das Gehirn jedoch grundsätzlich in der Lage, zu jedem Zeitpunkt des Lebens wieder neue Verbindungen herzustellen. Durch die Hirnforschung ist bestätigt worden, dass sich das Gehirn eines Erwachsenen jederzeit noch verändern kann. Das bedeutet: Lernen ist in jedem Alter möglich.

Neben der wachsenden „Erstarrung" – indem wir die Abläufe und Handlungen einsetzen, die wir gelernt haben – besteht ein Leben lang also auch das Prinzip der Flexibilität. Dafür werden die alten Neuronen-Verbindungen unterbrochen. Damit neue Verbindungen entstehen können, müssen bestehende „Muster" gestört oder aufgelöst werden. Sonst nimmt das Gehirn nur das wahr, was es aufgrund der bestehenden Verbindungen bisher schon kennt. Häufig beschränkt sich Lernen daher auf das Verstärken der bestehenden Verbindungen. Im traditionellen Verständnis von Lernen wird neues Informationswissen in die alten Verbindungen „geschoben". Passt dieses, verfestigen sie die alten Muster, passt es nicht, werden die Informationen als bedeutungslos gelöscht. Damit Neues gelernt werden kann, muss dieser innere Dialog unterbrochen werden.

Neben dieser relativ neuen Erkenntnis der Gehirnforschung ist für die Lernentwicklung eine zweite von großer Bedeutung: Manche Bereiche des menschlichen Gehirns sind auf eigene „Schaltungen" wie Lust, Freude, Euphorie eingerichtet, d.h., sie erzeugen Wohlbefinden.

„Freude ist der Übergang des Geistes in einen perfekteren Zustand, Schmerz dagegen ist der Übergang in einen niedrigeren Zustand", schrieb der Philosoph Spinoza. Die Neurobiologie bestätigt diese Aussage: Negative Stimmungen schränken den Menschen ein, gute Gefühle erweitern hingegen seine Möglichkeiten. Sie beugen Stress und dessen gesundheitlichen Folgen vor und aktivieren damit auch das Immunsystem. Und sie fördern kreative Leistungen im Gehirn. Es lässt sich molekularbiologisch nachweisen, dass positive Emotionen Nervenverbindungen im Gehirn wachsen lassen: „The brain runs on fun." Man geht sogar so weit zu sagen, dass glücklichere Menschen aufmerksamer sind, eher bereit sind, „das Gute" in anderen zu sehen und sich mehr für das Gemeinwohl einzusetzen.

Eine Schlussfolgerung, die sich aus aktuellen Erfahrungen der Hirnforschung und der Neurobiologie auf das Lernen bezogen ergibt, formuliert Gerhardt Roth in seinem Buch „Fühlen, Denken, Handeln": „Menschen können aus eigenen Kräften ihre Persönlichkeitsstruktur nicht ändern, aber sie können *aus eigenen Kräften* dafür sorgen, dass ihre Persönlichkeit sich möglichst gut mit den sozialen Gegebenheiten verträgt."

5.3 Kommunikation

Hintergründe zur Kommunikationslehre

Ohne Kommunikation ist Leben nicht möglich. Kommunikation (lat. *communicatio*; Verbindung, Mitteilung oder *communis;* gemeinsam) ist untrennbar mit sozialen Organisationen verbunden. Durch Kommunikation erlebt sich der Mensch selbst, ebenso wie seine Mitmenschen. Er kommuniziert, um auf andere zu wirken, um bestätigt zu werden, um etwas Bestimmtes zu erreichen.

Kommunikation heißt in Beziehung stehen und beinhaltet drei Aspekte:

1. Information – darunter versteht man den reinen Inhalt.

2. Mitteilung – das meint die Form und Art der Weitergabe der Information. Damit ist nicht nur die Sprache gemeint, sondern auch die Tonlage, in der etwas gesagt wird, oder Mimik und Gestik. Dazu zählt auch die Auswahl des Mitgeteilten, z.B. mit welchen Details eine Geschichte ausgeschmückt wird.

3. Verstehen – Verstehen findet auf der Seite des Empfängers statt. Der Empfänger trifft eine Auswahl aus dem, was er hört („Er hört nur das, was er hören möchte"). Und er wertet die Information, gibt ihnen also eine Bedeutung.

Kommunikation besteht keineswegs nur aus Worten, auch die Performance, der Tonfall, die Schnelligkeit, die Art der (Aus-)Sprache, die Pausen, Lachen, Mimik, Haltung, Aussehen zählen dazu.

Man unterscheidet also zwischen sprachlicher (verbaler) und nichtsprachlicher (nonverbaler) Kommunikation. Auch Schweigen ist Kommunikation. So kann sich zum Beispiel Ablehnung durch Gesten wie verschränkte Arme, Missfallen durch das Verdrehen der Augen und Skepsis durch heruntergezogene Mundwinkel zeigen. Daraus folgt: In einer zwischenmenschlichen Situation hat *jedes* Verhalten gleichzeitig auch Mitteilungscharakter.

„Man kann nicht *nicht* kommunizieren". Paul Watzlawick spricht von der Unmöglichkeit, nicht zu kommunizieren! Verhalten ist ebenso ein Teil der Kommunikation, daher lässt sich auch sagen: „Man kann sich nicht *nicht* verhalten" (siehe auch Kybernetik).

Selbst der Versuch sich in einer Situation zurückzunehmen, sich nicht einzumischen, so gut es auch gelingen mag, ist eine Art der Kommunikation und wird die Situation beeinflussen.

„Sie sehen wie ein Mann auf zwei ihm bekannte streitende Kollegen trifft und keinerlei Reaktion zeigt, d.h. vorbeigeht. Was glauben Sie könnte eine Reaktion im weiteren Verlauf sein:
→ Am nächsten Tag wird in der Kantine erzählt, wie unangenehm sich die streitenden Kollegen verhalten haben. Alle mussten im Vorbeigehen peinlich berührt wegschauen.
→ Der Vorbeigehende wird in einem der nächsten Gespräche von jemandem auf seine Konfliktscheu angesprochen.
→ Dem Vorbeigehenden wird in der nächsten Sitzung wenig Teamgeist und Gespür für die Verantwortung im Kollegenkreis vorgeworfen.
→ Der Vorbeigehende wird von einem der Streitenden angesprochen, er sei doch Zeuge gewesen, was denn nun seine Meinung über den Anderen sei."

Auch eine Situation in einem Geschäft, wo der Kunde allein durch die Haltung oder den Gesichtsausdruck eines Verkäufers sich als „störend" oder „erwünscht" fühlen kann, ist ein Beispiel für Verhalten als Teil der Kommunikation.

Kommunikation hat viele Gesichter: Gespräch, Diskussion, Streit, sozialer Kontakt und Umgang, Dialog, Begegnung, Austausch, Vergleich, Entwicklung.

Von Geburt an, mit den ersten Erlebnissen wirken Umweltreize auf den Menschen und bestimmen das Grundgerüst seiner Persönlichkeit. Kommunikation konditioniert den Menschen und bestimmt, wie er mit seinem sozialem Umfeld in Beziehung tritt.

Mit Kommunikation bestätigen sich Menschen gegenseitig den Grad ihres Selbstwertes (Anerkennung, Ansprache, Zuwendung, Information ...), und durch sie kann er auch für beide Gesprächspartner wieder verändert werden. Ein Gesprächsbeispiel: „Ich bekomme keine ausreichende Information für meine Arbeit. Die Kollegin erhält alles, was sie braucht, und kann dadurch immer schneller und fehlerfrei ihre Aufgabe abschließen. Ich bin benachteiligt ... und weniger wert."

Kommunikation umfasst alle Möglichkeiten, mit denen die Menschen Informationen übermitteln. Dazu gehört neben der gesendeten bzw. empfangenen Nachricht auch die Art und Weise, wie sie davon Gebrauch machen. Zu Kommunikation gehört auch, wie der Mensch diese Nachricht mit Bedeutung versieht, erst als Sender, dann als Empfänger.

Obwohl wir vom ersten Tag unseres Lebens an die Regeln der Kommunikation lernen, sind uns diese kaum bewusst. Trotz eingehender Forschung zum Thema Kommunikation und zum Kommunikationsverhalten ist noch wenig bekannt, was als „gute" und „tragfähige" Kommunikation gilt. Da auch jeder Beobachter selbst kommuniziert, kann niemand eine unabhängige Stellung einnehmen und neutrale, unvoreingenommene, gerechte Wertungen abgeben (siehe Kybernetik 2. Ordnung). Es gibt keine Möglichkeit, von außerhalb auf das System und die Wechselwirkung in einer Kommunikation zu schauen. Daher wird für die Kommunikationslehre und -wissenschaft aus systemischer Sicht eine Beurteilung über „gute" oder „richtige" Kommunikation ausgeschlossen.

Kommunikationsgestaltung

Die Grenzen des Kommunizierbaren liegen nicht nur in den begrenzten Fähigkeiten der Beteiligten, ihrem aus welchen Gründen auch immer eingeschränkten Wahrnehmungs-, Denk- oder Ausdrucksvermögen, sondern auch in den Grenzen der Kommunikationssysteme. Kommunikationssysteme sind soziale Systeme, eine Organisation, eine Gesellschaft, die auf der Basis des Sinns, den sie sich gegeben haben, miteinander in Kontakt sind.

Das wichtigste Kommunikationsmittel in einem sozialen System ist die Sprache. Immer wieder unterschätzt wird die Bedeutung von Mimik, Gestik, Zeichen, Lauten, Tönen, Signalen, Symbolen und jeglichen Körperreaktionen, der Art unserer Bewegungen und unserer äußeren und inneren Haltung.

Mit dem Körper wird ebenso viel „geredet" wie mit dem Mund. Die nonverbalen Zeichen sind häufig effektiver wie die verbalen. Die meisten Menschen überschätzen den sprachlichen Anteil bei der gegenseitigen Verständigung. So denken die meisten Menschen – wie Befragungen ergaben –, dass zu 70 % auf der sprachlichen Ebene miteinander kommuniziert wird und nur maximal bis zu 30 % auf der nicht sprachlichen Ebene. Die Forschung weist andere Ergebnisse auf, wie das anschließende Schaubild zeigt:

Die Kommunikationspyramide

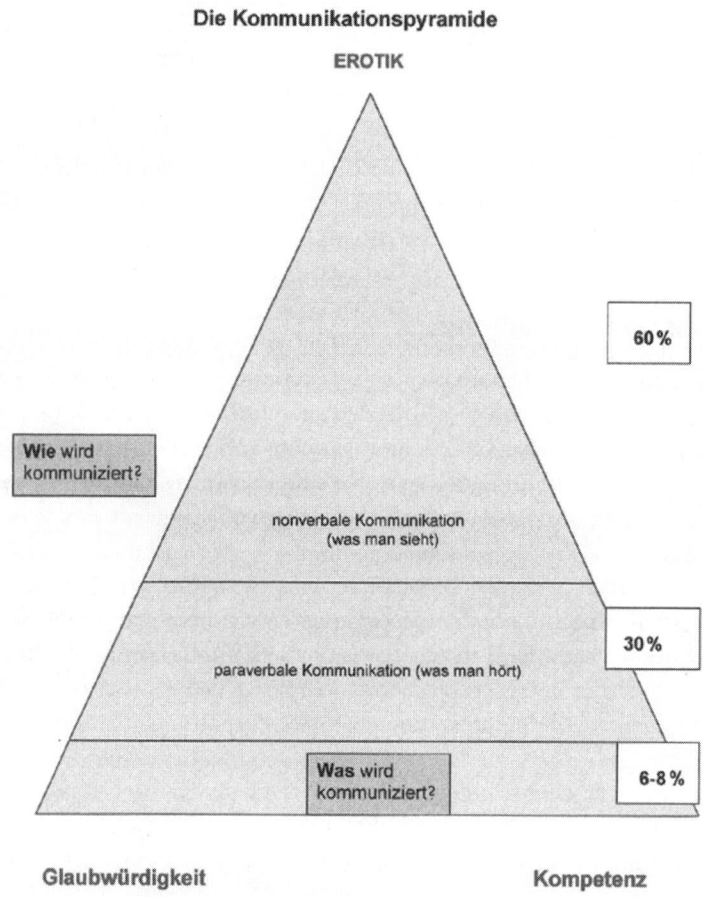

Das EKG der Kommunikation

Über die nonverbale Kommunikation werden die Gefühle mitgeteilt. Hier sendet der Mensch laufend Botschaften, wobei diese Ebene den Anteil der so genannten Verstandes- oder Sachebene übertrifft. Beide Ebenen beeinflussen sich ständig wechselseitig. Wenn hier keine Übereinstimmung vorhanden ist, überzeugen und tragen auch die besten Argumente nicht.

Jede Kommunikation ist leblos, findet sie nur auf der Sachebene und nicht gleichzeitig auch auf der Beziehungsebene statt.

The messenger is the message! Wenn das WIE und das WAS optimal übereinstimmen, entsteht Glaubwürdigkeit. Sind darüber hinaus Sender und Empfänger auf der gleichen Frequenz, ist die Übermittlung optimal. Damit ist jedoch nichts über die Qualität, über den Wahrheitsgehalt einer Botschaft gesagt, die, auch wenn zwischen Sender und Empfänger eine optimale Beziehung besteht, aus Sicht eines Dritten völlig verzerrt oder falsch sein kann.

Aus systemtheoretischer Sicht ist Wahrnehmung, Beobachtung und Wertung einmalig und wird immer wieder neu und individuell durch den Menschen erschaffen. Mit Hilfe des „Werkzeugs" Kommunikation setzen sich Menschen mit anderen „Systemen" in Verbindung. Durch Information und Mitteilung werden das System, seine Grenzen, seine Menschen erst sichtbar. Und dabei drückt sich jeder Mensch auf seine individuelle und unverwechselbare Art aus. Hier zeigt er seine Persönlichkeit.

5.4 Systemisches Verständnis

> „Lies nicht mehr – schau!
> Schau nicht mehr – geh!" – *Paul Celan* 1959

Humboldt erkannte, dass sich ein elementares Bedürfnis des Menschen darin zeigt, „die Kräfte seiner Natur zu stärken und zu erhöhen, um seinem Wesen Wert und Dauer zu vermitteln". Um dieses Ziel zu erreichen, werden unterschiedlichste Lernwege genutzt. Die Motivation zur Wissenserweiterung und zum Erkenntniszugewinn bindet auch das Lernen um Konfliktmanagement und das Lösen von Konflikten mit ein. Das Konflikt-Transformations-Modell orientiert sich in der Beschreibung eines Konfliktes, in der prozesshaften Sicht auf den Ablauf und in den Interventionen zu Lösungsmöglichkeiten am systemischen Ansatz.

Systemisches Gedankengut ist so alt wie die abendländische Philosophie. Das Wort „System" entsteht aus „zusammen" *syn* sowie stehen *stamein* oder liegen *histamein.* System im ursprünglichen Sinn bedeutet Zusammenstellung. Schon bei Aristoteles findet sich der Gedanke der Ganzheit und der organischen Selbsterhaltung. Allerdings wurde diese Sichtweise lange Zeit vernachlässigt.

Der Begriff „*systemisch*" wird oft genutzt und unterschiedlich interpretiert. Zur Verdeutlichung unseres Verständnisses eines „systemischen Konfliktmodells" skizzieren wir in kurzen Abschnitten die wichtigsten Stichwörter und zeigen eine uns wichtige Auswahl von historischen Herkunfts- und Vernetzungslinien auf.

Mit der prozesshaften Sicht auf den Konfliktablauf orientieren wir uns am „neueuropäischen" Denken (nach Gripp-Hagelstange 1995) mit der Veränderung vom „Sein zum Tun". Diese neue Sichtweise auf die Welt geht davon aus, dass es keine garantiert sicheren Positionen mehr gibt, von denen aus man die Welt und ihre „Objekte" überprüfen kann, so dass „Sicherheit" nur im erlebten Prozess selbst liegen kann (nach Luhmann 1992). Beständigkeit oder Konstanz kann daher nicht mehr in den Dingen und Objekten liegen oder in den Vorstellungen, die wir uns von ihnen machen („Genau so ist etwas ..."). Sondern sie liegt darin, dass wir uns diese Vorstellungen im persönlichen Prozess des Erlebens immer wieder selbst herstellen.

Systemtheorie

In den letzten zwei Jahrhunderten wurde das wiederentdeckte und weiterentwickelte holistische Denkmodell von verschiedenen Fachgebieten wieder aufgegriffen. Eine einheitliche, in sich abgeschlossene und allgemeine verbindliche Systemtheorie gibt es aber (noch) nicht. Ebenso wenig wie es eine allgemein gültige Systemtheorie gibt, ist ein bestimmter Begründer oder Urheber auszumachen.

Unter dem Begriff Systemtheorie finden sich viele Aussagen in unterschiedlichen Wissenschaftsgebieten wieder, die verschiedene Einflüsse auf Erkenntnisgewinn in der Systemtheorie haben. Beeinflusst und begründet wurde die Entstehung der Lehre unter anderem aus Anthropologie, Psychologie, Soziologie, Linguistik, Zoologie, Botanik, Geschichte, Kunst und der Kybernetik.

Gregory Bateson, dessen Denken keine Fachgrenzen kannte, bereitete systemtheoretisch fundierte Therapieansätze vor. Sein Lebenswerk wird als grundlegend für viele ganzheitliche Anschauungen der westlichen Welt betrachtet.

Ganzheitlichkeit findet sich als ein Wert in der Systemtheorie wieder. Anders ausgedrückt: Menschliches Verhalten kann nur dann verstanden werden, wenn es mit und in seinem unmittelbaren Bezugsrahmen betrachtet wird.

Systemtheorie stellt die Theorie der Unterscheidung dar und beruft sich auf erkenntnistheoretische Ergebnisse aus dem Konstruktivismus, das heißt, sie betrachtet die Wirklichkeit als Konstrukt (siehe Konstruktivismus). Gegenstand der Lehre ist das Verhalten einfacher und komplexer Systeme.

> „Your inside is out and your outside is in!" – *Beatles*

Unter System versteht man einen in sich geordneten Zusammenhang von Elementen, die sich durch Grenzziehung von einer nicht dazugehörigen Umwelt unterscheiden. Die Unterscheidung „Innen" und „Außen" gilt für alle Systeme. In sozialen und psychischen Systemen wird die Systemgrenze mit der Frage nach dem Sinn verknüpft und auch als Sinngrenze gesehen. Was gehört zum System, und mit welchem Sinn? Im Gegensatz dazu sind mechanische Systeme (z.B. Maschinen) oder Organismen (z.B. Pflanzen) in ihrer Grenzziehung sinnfrei, d.h., hier wird keine Sinnfrage gestellt.

Das System selbst ist dabei eine Gesamtheit interagierender Elemente, in denen jede Veränderung eines Elementes Veränderungen in allen anderen Elementen nach sich zieht. Als System kann dabei gleichermaßen ein Staatenbund, eine Institution, eine

Organisation, eine Familie oder ein Arbeitsteam gesehen werden. Die systemische Sichtweise nimmt Individuum und Umwelt gleichberechtigt ins Blickfeld.

Die Definition eines Systems zieht eine weitere Erkenntnis nach sich. Die unterschiedlichen Systemelemente sind alle miteinander durch Austausch von Informationen verknüpft. Ein Kreislaufprozess entsteht.

Kybernetik

Kybernetik stammt vom griechischen Wort kybernetes, was so viel bedeutet wie Steuermann. Dieses Wort mit seiner Bedeutung lässt auf die wichtigste Aussage der Kybernetik schließen: Rückkoppelung! Dazu ein Beispiel: Geht man davon aus, der Steuermann beherrscht sein Steuerrad, kennt Wind und Wetterverhältnisse, berechnet Richtung und Ziel, lässt Segel setzen und manövriert das Schiff, so steuert er und beherrscht sein Tun. Man kann auch eine andere Sichtweise vertreten: Sturm und Windstärke, Wellen, Strömung, Flaute, Brandung und Flut bestimmen das Handeln des Steuermanns und welche Maßnahmen er jeweils ergreift. Diese kontrollieren somit ihn und sein Handeln. Wo findet welche Rückkoppelung statt?

Kybernetik (Steuerungslehre) ist wie die Systemtheorie eine interdisziplinäre Wissenschaft. Sie beschäftigt sich mit technischen, sozialen und lebenden wie mit kognitiven Systemen. Kybernetik ist die Bezeichnung für die wissenschaftliche Beschäftigung mit sich selbst regulierenden Systemen. Diese haben die Eigenschaft, durch Rückkoppelung bestimmte Gleichgewichtszustände gegenüber äußeren Einflüssen aufrechtzuerhalten.

Durch diese Selbstorganisation kann Struktur und Anpassungsfähigkeit erhöht werden. Selbstorganisation und die daraus entstehenden Veränderungen gehen mit beständigem Lernen einher – nur so wird Weiterentwicklung möglich. Kybernetik wurde in zwei Stufen entwickelt.

Die klassische Steuerungslehre wird Kybernetik 1. Ordnung genannt. Hierbei geht es um das Ziel, bei einer Störung des Gleichgewichts das Gleichgewicht (Homöostase) so rasch wie möglich wieder herzustellen. Bei diesem (Lösungs-)Prozess wird in erster Linie auf die „negative" Rückkoppelung geachtet: Die Abweichung (Ursache) wird beachtet und ihr wird entgegengewirkt. In einer Weiterentwicklung der Kybernetik 1. Ordnung wurde der Schwerpunkt auf die „positive" Rückkoppelung gelegt: Die abweichungsverstärkenden Reaktionen wurden beachtet. Gleichgewicht kann auch als Stillstand gedeutet werden. Geht man aber davon aus, dass Systeme jenseits des Gleichgewichts lernen und sich (weiter-)entwickeln, ist eine Grundvoraussetzung dazu, die abweichenden Einwirkungen (Störungen) in den Mittelpunkt zu stellen, ja sie geradezu zu verstärken, um Systeme in Bewegung und zum Lernen zu bringen.

Man spricht davon, dass in immer komplexer werdenden Organisationen und Umwelten beide Seiten notwendig sind um zu überleben, die Homöostase und die Veränderung.

Die Kybernetik 1. Ordnung wird auch als mechanistisches maschinelles Modell (siehe Rückkoppelung) beschrieben. Es lässt sich leicht am Beispiel eines einfachen Blinklichtregelkreises darstellen: Beim geschlossenen Kreis brennt die Glühbirne, die Hitze der Glühbirne sorgt für die Erhitzung eines Metallstreifens, dieser biegt sich dadurch nach oben, der Regelkreis wird durchbrochen, das Licht erlischt. Das Metall kühlt ab und fällt in seine ursprüngliche Position zurück, der Regelkreis wird geschlossen und die Glühbirne leuchtet wieder auf. Der Kreislauf beginnt von vorn. Das System reguliert sich selbst.

Kreislaufprozess

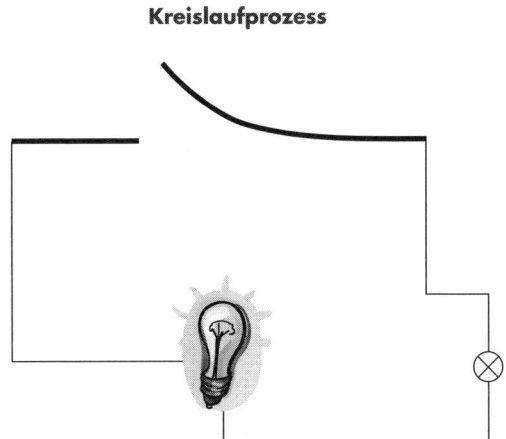

Die Abbildung zeigt den einfachen Aufbau eines Blinklichts: Die von der Glühlampe ausgestrahlte Hitze sorgt dafür, dass sich ein Bimetallstreifen verbiegt, wodurch der Stromfluss unterbrochen wird; die Lampe erlischt- und kühlt ab. Der Bimetallstreifen nimmt die Position nach seiner Abkühlung wieder ein, der Kreis ist wieder geschlossen – und die Lampe beginnt zu brennen. Es wird Hitze abgegeben, der Streifen verbiegt sich wieder. Das System reguliert sich selbst (ohne Außeneinwirkung) und hält seinen Prozess aufrecht. (nach Bardmann & Lamprecht: „Systemtheorie verstehen", Westdeutscher Verlag, Wiesbaden 1999)

Wird in einem sich selbst regulierenden System nach Ursache und Wirkung, Anfang und Ende, Verantwortung und Betroffenheit gesucht, findet sich kein Ereignis oder Element, das eine Kontrolle über das Ganze hat. Es gibt keinen festzumachenden bestimmten Auslöser im Steuerkreis. Ein Beobachter des Ablaufs kann beschreiben, was er in Folge sieht, als Anfang oder Auslöser kann er nur selbst gewählte Erklärungen abgeben.

Für die Rolle des Beobachters in der Kybernetik 1. Ordnung bedeutet das, dass er sich an dem zu Beobachtenden orientiert und die Haltung einnimmt: Alles ist sichtbar, von Außen nachvollziehbar und erklärbar, wie ein Schlagabtausch – rechts-links-rechts-links.

Der Beobachter gilt als neutrale Person. Er sieht, was es zu sehen gibt, und fragt: „Was beobachte ich? Was liegt vor?" Die Antworten auf die Fragen 1. Ordnung sind auf der Ebene des nicht reflektierten Wahrnehmens und Handelns einzuordnen.

Nach diesen Erkenntnissen gingen die forschenden Personen mit ihren Denkmodellen von der Kybernetik 1. Ordnung in die Kybernetik 2. Ordnung über. Diese „neue" Haltung fordert, mit Rückgriff auf die erkenntnistheoretischen Positionen des Konstruktivismus, den Einbezug einer beobachtenden Person, die den Beobachter (siehe Kybernetik 1. Ordnung) und das zu beobachtende System als Teile des Ganzen sieht. Diese Person beobachtet, wie beobachtet wird. Nun kann man dieses Vorgehen immer weiter ausführen: ein weiterer Beobachter, der beobachtet, wie ein Beobachter einen Beobachter und das System beobachtet usw.

Die Frage in der Kybernetik 2. Ordnung ist jedoch nicht, wie viele Beobachter sind sinnvoll, sondern die Erkenntnis, dass der Beobachter (im Sinne der Kybernetik 1. Ordnung) sich als Teil eines Ganzen selbst mit zu beobachten hat: „Ich sehe einen Zusammenstoß zweier Kollegen, ich reagiere, sehe jedoch nur die beiden »sichtbaren« Positionen der Kontrahenten und deren Wut und Gegenreaktionen. Ich beachte nicht, was ich mit meinem Auftritt, meiner Aussage und meinem Verhalten mitbewirke. Mit der Sichtweise der Kybernetik 2. Ordnung bin ich ein Teil des Vorfalles und erzeuge Reaktionen, ich gestalte den Verlauf mit, bin Mitwirkender im Konflikt."

Daher geht es nicht um die Fragestellung, was richtig oder falsch ist. Es geht vielmehr um die Frage, welche Unterschiede sich bei unterschiedlichen Beobachterperspektiven ergeben?

Die Fragen: „Was wurde nicht getan, was hätte getan werden können?" oder „Was wurde getan, was nicht hätte getan werden sollen?" sind Unterstützung auf der Suche nach den *Blinden Flecken,* die in der Kybernetik 2. Ordnung einen wichtigen Platz einnehmen.

●

Experiment:
Halten Sie sich das Blatt nahe vor Ihre Augen. Heben Sie die Seite mit der rechten Hand, schließen sie das linke Auge und fixieren Sie mit dem rechten Auge den Stern. Bewegen Sie nun das Blatt langsam an der Sehachse vor und zurück – bis der Abstand erreicht ist, bei dem der große schwarze Punkt aus Ihrer Sicht verschwindet. Er wird unsichtbar. Wenn Sie den Stern fest fixieren, bleibt der Punkt auch unsichtbar, wenn Sie das Blatt nun parallel zu sich selbst nach rechts oder links, nach oben oder unten bewegen.

Die physiologische Erklärung für dieses Phänomen: In einem bestimmten Abstand fällt der Punkt auf einen Bereich im Auge, an dem der Nerv das Auge verlässt.

Unerklärbar bleibt, warum man den Blinden Fleck nicht sieht und warum wir von seiner Existenz nichts ahnen. Das Gesichtsfeld erscheint uns immer vollständig, ohne Lücken oder unsichtbare Stellen. Wir sehen nicht, dass wir nicht sehen. Das nicht sehen des Nichtsehens ist die Problematik.

> „Dass wir sehen, dass wir nicht sehen, bedeutet im nächsten Schritt nicht, dass wir nun sehen." – nach *H. von Förster*

Aus der Sicht der Kybernetik 2. Ordnung wird das Verhalten des Menschen unvorhersehbar. Seine Entscheidungen und Reaktionen sind nicht zwingend nachvollziehbar. Der Mensch wird als selbstbestimmtes und selbstverantwortliches Wesen gesehen. Der Beobachter nimmt den zu Beobachtenden als eigenes Individuum mit seinem Wertesystem und seinen eigenen Prägungen wahr. Der Beobachter bestimmt, was er sieht und wie er es bewertet.

Der Beobachter steht nicht der Welt von außen gegenüber, er ist ein Teil derselben und desselben, was er beobachtet. Mit jedem Tun verändert er auch, was er beobachtet. Die Welt ist nicht ein fertig beschriebenes Gefüge, sie wird durch die Beobachtung des Beobachters immer wieder neu für ihn erschaffen.

Konstruktivismus

Der Konstruktivismus beschäftigt sich vorrangig mit der Frage: „Wie entsteht Wirklichkeit?" Oder genauer: „Wie entsteht meine, unsere Wirklichkeit?" Der Konstruktivismus nährt sich aus verschiedenen Disziplinen wie Biologie, Neurophysiologie, Psychologie, Soziologie und Kybernetik. Die Konstruktivisten gehen davon aus, dass Erkenntnis nicht aus einer „objektiven" Sicht der Welt entsteht, sondern von der Sichtweise (Konstruktion) des Betrachters abhängt. Eine grundlegende Annahme im Konstruktivismus ist, dass die Vorstellung, Wissen sei eine wahrheitsgetreue Wiedergabe der Realität, nicht standhalten kann. Wissen setzt sich aus einer Vielfalt von Beobachtungen zusammen, das sowohl individuell als auch in „geschlossenen" Systemen (siehe Systemtheorie) unentwegt erschaffen wird. Erst durch die Beobachtung der Wahrnehmung (siehe Kybernetik 2. Ordnung) und deren Beobachtung wird es möglich, nicht nur den Standpunkt „wahr" und „unwahr" einzunehmen, sondern auch die Unterscheidung, von welchem Standpunkt aus die Unterscheidung „wahr" und „unwahr" eingeführt wird. Hier bekommt das Bild des Blinden Fleckes wieder Bedeutung. Ein Beispiel nach Paul Watzlawick verdeutlicht es: „Wenn einem Pferd in seinem Stall beim Ertönen eines Klingelns gleichzeitig ein Stromschlag durch eine Metallplatte in den Huf geleitet wird, wird es diese beiden Aktionen miteinander in Verbindung setzen. Beim nächsten Ertönen der Klingelzeichen wird es den Huf heben, um dem Stromschlag zu entgehen. Der Erfolg ist spürbar: kein Schmerz. Es hat die Überzeugung, durch sein Verhalten erfolgreich einer Gefahr ausgewichen zu sein. Im weiteren Verlauf wird durch das Klingelzeichen automatisch der Huf gehoben, die quälende schmerzhafte Situation wird dauerhaft vermieden. Was das Pferd nicht überprüft, nicht weiß und auch nie herausfinden wird, ist die Tatsache, dass die Gefahr seit langem nicht mehr besteht." Man könnte annehmen, das Beharren auf dem Verhalten geschieht aus gesundem „Menschenverstand".

In der wissenschaftlichen Diskussion wird dazu die Meinung vertreten, dass sich die Welt des Einzelnen in einer ersten Erkenntnisstufe aus den sinnlichen Wahrnehmungen aufbaut. Der Mensch wählt auf seine spezifische Art und Weise aus der Fülle möglicher Wahrnehmungen aus, ordnet seine Welt und gestaltet sich somit seine Erklärung für den Sinn der Welt.

Der radikale Konstruktivismus bezeichnet dieses Verhalten entsprechend: „Wir haben alle unsere eigene Wirklichkeit, und wir sehen die Dinge, so wie wir sie sehen (wollen)." Die Konsequenz ist: Menschen entscheiden unentwegt, ob die Dinge passend sind für sie oder nicht, d.h., ob sie für sie zutreffen, ihre Meinung wiedergeben, ihre Haltung vertreten, ihrer Vorstellung entsprechen. Wie in einem Puzzle gehen sie von dem Anspruch aus, dass es passen muss. Und nur jeder selbst weiß, was passt, oder hat sich zumindest im Laufe seines Lebens ein klares Bild darüber verschafft, was seiner Meinung nach passt.

So kann eine kritische Bemerkung eines Gewerkschafters den Vertreter der Arbeitgeber wieder bestätigen, dass eine sachliche Diskussion mit Gewerkschaftern nicht möglich ist.

Unterschiede machen keinen Unterschied: Es ist die Bewertung, die den Unterschied macht, und nicht der Unterschied an sich. Der Unterschied zwischen einer Blume und einem Unkraut liegt in der Beurteilung.

> „Triff eine Unterscheidung und du erzeugst ein Universum."
> – *George Spencer Brown* 1969

Im Forschungsbereich über Lernen, somit auch in der alltäglichen Handlung, hat sich der konstruktivistische Ansatz bewährt. Die Schaffung eines Bezugs vom Thema zur eigenen Lebenswelt und Erfahrung unterstützt die Fähigkeit und Bereitschaft zur Selbstbestimmung.

Das konstruktivistische Denken stützt sich auf die (erkenntnistheoretische) Annahme, dass Wirklichkeit immer konstruiert und Wissen kein Abbild von Wirklichkeit ist, sondern individuell immer wieder neu aktiv und an eine Situation gebunden erschlossen wird. Aus konstruktivistischer Sicht sind Lernprozesse somit Löseprozesse, die Denkmuster erkennen, aufgreifen und erweitern – im Sinne neuer vertiefender Kenntnisse zum Wissen und zu Selbststeuerungsfertigkeiten.

Eine mögliche Orientierung in einem Konfliktverlauf könnte lauten: Vergangenheit und Zukunft sind Konstruktionen der Gegenwart.

Als Weiterentwicklung nach den beiden beschriebenen „Quantensprüngen" im Denken der Systemtheorie (Kybernetik 1. und 2. Ordnung) und basierend auf der Informations-, Kommunikations-, Spiel- und Chaostheorie ist der systemische Ansatz entstanden. Weitere Merkmale dieses Ansatzes sind der lösungs- und ressourcenorientierte Ansatz, die Gewichtung des Kontextes und die Zirkularität. In den letzten 20 Jahren hat sich der systemische Ansatz in therapeutischen und Beratungskontexten etabliert.

> „Jedes Tun ist Erkennen, und jedes Erkennen ist Tun." – *Maturana* 1987

6 Anhang/Werkzeuge

6.1 Diagnose-Instrumente

Konfliktbaum

Krone: die sichtbaren und sachlichen Anteile,
Wurzeln: die emotionalen Anteile, Beziehungsfragen,
Erde, Umgebung: die kulturellen Aspekte und Wertvorstellungen,
Stamm: hält zusammen, bildet die Vernetzung und Verbindung, die Kommunikation.

Filterwahl

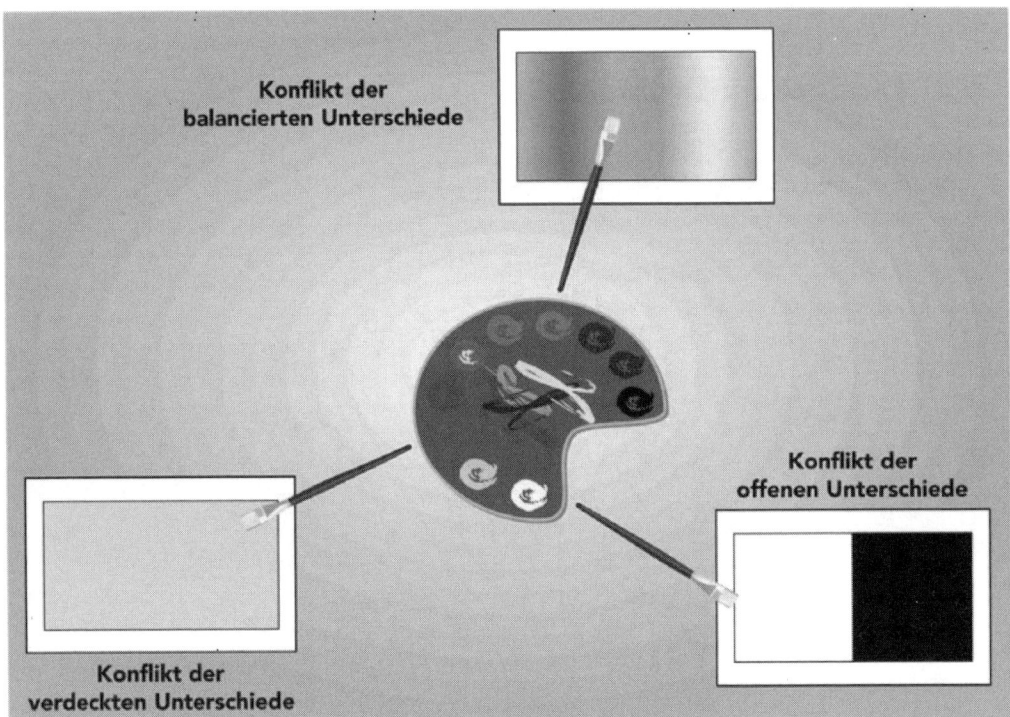

Dynamikkreis

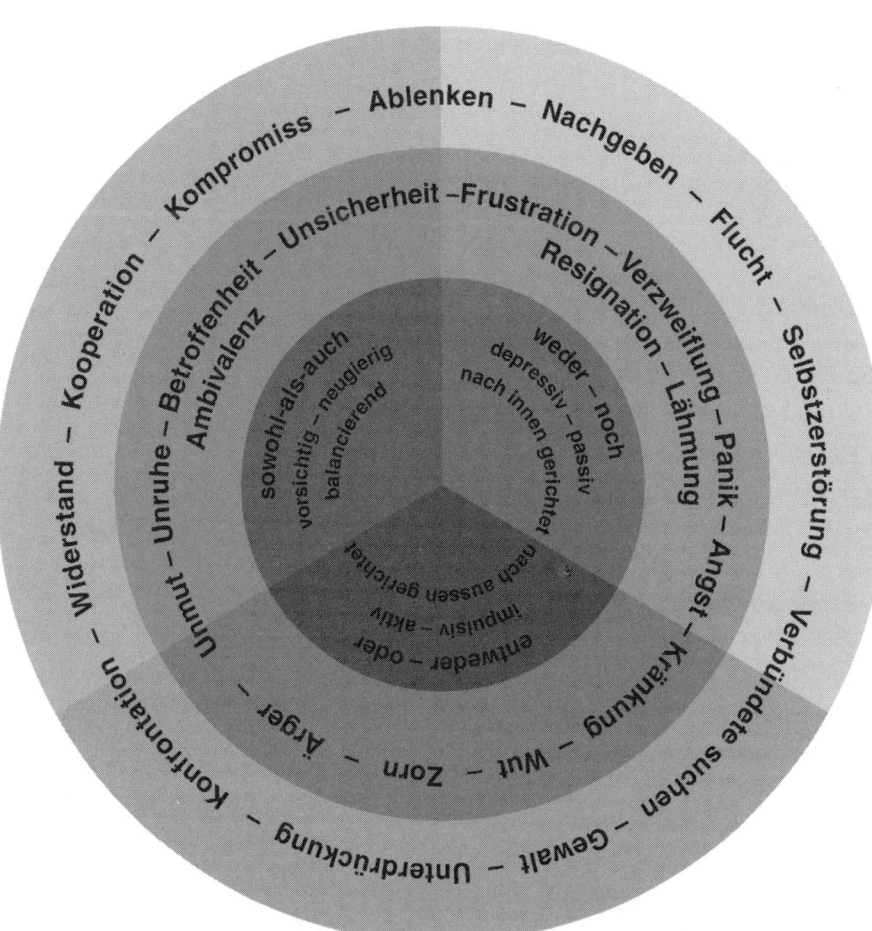

© by B. Conrad, B. Jacob, Ph. Schneider; 2002 (www.konflikte.org)

6.2 Ablaufübersicht

1. Zusammenprall
Erhöhter Energieschub, Unterschiede werden deutlich
drei Kontrollfragen

2. Filterwahl
Wie wird mit Unterschieden umgegangen? Beginn des Konfliktmanagements
eine Kontrollfrage

3. Einstieg des Transformers
Eindeutige und verbindliche Arbeitsvereinbarung
Checkliste 1, vier Kontrollfragen

4. Konfliktdiagnose
Es gibt eine gemeinsame Sicht der Konflikt-Dynamik
Diagnoseinstrumente 1-3, Fragebogen F1, Checkliste 2, drei Kontrollfragen

5. Zielfokussierung
Mögliche Ziele und verhandelbare Optionen sind vorhanden
Checkliste 3, zwei Kontrollfragen

6. Vereinbarungen treffen
Es gibt verbindliche Absprachen und Spielregeln
Checkliste 4, drei Kontrollfragen

7. Verhandelbare Optionen umsetzen
Die vereinbarten Optionen werden von den Beteiligten umgesetzt.

8. Bilanz und Abschluss
Die ausgehandelten Optionen bewähren sich
vier Kontrollfragen

6.3 Kontrollfragen für den Transformer

Phase 1 – Zusammenprall
1. Welche Unterschiede haben den Zusammenprall ausgelöst?
2. Welche Bedeutung geben die Beteiligten den Unterschieden und welche dem Zusammenprall?
3. Wie wurde vor dem Konflikt mit Unterschieden umgegangen?

Phase 2 – Filterwahl
1. Welche Filter wurden gewählt?

Phase 3 – Einstieg des Transformers
1. Gibt es eine eindeutige und verbindliche Arbeitsvereinbarung?
2. Ist die Grundhaltung der Beteiligten und ihre Ausgangslage bezüglich Freiwilligkeit oder Verordnung zur Teilnahme bekannt?
3. Welche Spielregeln im Konflikt gibt es?
4. Wurde die Checkliste 1 umfassend behandelt?

Phase 4 – Konfliktdiagnose
1. Wurde der Fragebogen F1 bearbeitet?
2. Sind die Diagnoseinstrumente 1-3 (Konfliktbaum, Filterwahl, Dynamikkreis) mit den Beteiligten besprochen und können die Ergebnisse für die weitere Arbeit genutzt werden?
3. Ist die Checkliste 2 vom Transformer beantwortet?

Phase 5 – Zielfokussierung
1. Ist die Checkliste 3 beantwortet?
2. Haben die Beteiligten den Fokuswechsel vom Konflikt zu Lösungen vollzogen?

Phase 6 – Vereinbarungen treffen
1. Sind die Fragen der Checkliste 4 beantwortet?
2. Gibt es eine verbindliche Einigung auf das weitere Vorgehen?
3. Sind die Konsequenzen und die konkreten weiteren Schritte allen Beteiligten klar?

Phase 8 – Bilanz und Abschluss

1. Ist den Beteiligten bewusst, was sie geleistet haben und wie sie es geleistet haben?
2. Haben sie ein Verständnis für das Konflikt-Transformations-Modell entwickelt und können sie mit den Instrumenten arbeiten? Sehen sie seine Chancen und Möglichkeiten?
3. Kennen sie die möglichen Stolpersteine/Konfliktauslöser in ihrer Organisation?
4. Wie sehen die Beteiligten die Rolle des Transformers zum Abschluss der Zusammenarbeit? Wird er auch jetzt noch als aktiv-neutral und unabhängig-engagiert beschrieben?

6.4 Checklisten

Checkliste 1 – Einstieg des Transformers

Klärung der Rahmenbedingungen und des Kontextes

→ Sind alle relevanten Personen anwesend oder fehlen wichtige Protagonisten? Sitzen möglicherweise zu viele oder nicht die zentralen „SpielerInnen" am Tisch?

→ Welche Beziehungen, Abhängigkeiten und Verbindungen bestehen zwischen den Konfliktparteien?

→ Gibt es externe Abhängigkeiten und/oder Einflüsse, die den Konflikt-Transformations-Prozess möglicherweise wesentlich beeinflussen können?

→ Welche Freiräume und Handlungsspielräume haben die Beteiligten? Wo beginnt die Grauzone der Vereinbarungen und der Kompetenzen? Können die Anwesenden die relevanten Entscheidungen treffen?

→ Gibt es eine übergeordnete Instanz, welche die endgültigen Entscheidungen trifft und die über den Verlauf der Konflikt-Transformation informiert werden muss? Und wenn ja, wer ist diese Instanz und in welcher Form wird sie informiert? Welche Konsequenzen erwarten die Betroffenen von dieser Instanz im Falle eines Erfolges bzw. eines Scheiterns?

→ Gibt es noch andere Rahmenbedingungen, die für den Konflikt und die Betroffenen eine wesentliche Bedeutung haben (z.B. politische oder gesetzliche Faktoren)?

→ Gibt es zeitliche und finanzielle Vorgaben und Einschränkungen für die Arbeit des Transformers. Wodurch sind diese entstanden, wer hat sie bestimmt?

→ Wer hat den Konflikt-Transformer ausgewählt und beauftragt? Wie ist dies geschehen? Wer finanziert den Transformer? Entstehen dadurch möglicherweise neue Abhängigkeiten? Wie garantiert der Transformer seine Unabhängigkeit?

→ Ist die Ausgangslage für alle Betroffenen/Anwesenden klar und sind sie mit dem Transformations-Prozess einverstanden?

→ Gibt es Vorbehalte gegenüber dem Transformer? Falls ja, worin bestehen diese und können sie gelöst werden? Ist der Beginn der Zusammenarbeit auch möglich, wenn sich die Vorbehalte nicht lösen lassen? Was wäre dann für ein Gelingen notwendig?

→ Welche Kompetenzen hat der Transformer und sind diese transparent und akzeptiert?

→ Ist der Verhandlungsort gut gewählt? Wo und in welchem Rahmen finden die Kontakte statt? Wer bestimmt das Setting? Sind Fragen wie Sitzungsleitung, Dauer, Protokollführung etc. geklärt?

→ Sind die Spielregeln geklärt (z.B.: eine Sitzung wird nie vor Ende verlassen, keine Störung von außen)? Oder müssen diese noch erstellt werden? Ist der Umgang mit Abweichungen klar?

→ Warum wird zum jetzigen Zeitpunkt eine außenstehende Person geholt?

→ Wie gut ist den Betroffenen und den Anwesenden die Geschichte des Konflikts bekannt?

→ Welche bisherigen Lösungen gab es? Wurden bereits andere externe Berater zu diesem Thema einbezogen?

→ Welches sind die Erwartungen der Betroffenen?
a) an den Transformer?
b) an die Zusammenarbeit, an die Sitzungen?
c) an das Ergebnis?

→ Was wäre ein Erfolg, was ein Misserfolg? Gibt es hier Gemeinsamkeiten?

→ Gibt es Gründe, Schritte oder Faktoren, die unmittelbar zum Abbruch des Prozesses führen würden?

Checkliste 2 – Konfliktdiagnose

Sachliche Anteile
→ Welche sachlichen Themen stehen beim Konflikt aus Sicht der Betroffenen im Vordergrund? Welche sind zweitrangig?

→ Welche sachlichen Fragen müssten aus Sicht der Betroffenen gelöst werden, damit eine Konfliktlösung möglich wird?

→ Besteht zwischen den verschiedenen Parteien Konsens über die Wertung und die Prioritäten der sachlichen Fragen und Lösungen?

→ Gibt es Analysen über den Sachverhalt und die finanziellen Auswirkungen? Wurde eine mögliche Evaluation erstellt? Werden die Resultate von allen akzeptiert? Und wenn nein, warum nicht?

→ Gab und gibt es weitere ungelöste Sachprobleme in der Organisation, zwischen den Betroffenen? Falls ja, wie wurden diese gelöst, resp. welchen Einfluss haben sie auf das Konfliktmanagement?

→ Was wäre anders, wenn die sachlichen Probleme gelöst wären? Würden dadurch Strukturen, Kompetenzen, Rollen verändert, neu erstellt? Sind die Auswirkungen für die Betroffenen sichtbar?

Emotionale Anteile
→ Wie stark ist die Lösung von den Personen abhängig? Wäre der Konflikt auch vorhanden, wenn der Gegner eine andere Person wäre? Wären mit anderen Personen andere Lösungen möglich?

→ Wie können die Beziehungen zwischen den Konfliktparteien beschrieben werden? Wie deckungsgleich sind die Beschreibungen und Erklärungen der Betroffenen?

→ Wie können die betroffenen Personen beschrieben werden. Wie treten sie auf, welche Verhalten und Rollen zeigen sie? Welches Ziel verfolgen sie? Unterstützen sie eher das Problem oder eine Lösung? Wo und wann fühlen sie sich besonders kompetent und sicher? Welche Fähigkeit möchten sie entwickeln?

→ Wie wird in der Organisation über Gefühle – Ärger, Wut, Trauer und Angst – gesprochen? Welchen Stellenwert haben so genannte „Softfacts"?

→ Welche Defizite und Qualitäten werden den Betroffenen und den Vorgesetzten zugeschrieben?

→ Wird im Zusammenhang mit dem Konflikt über psychosomatische Symptome, Absenzen etc. berichtet?

→ Ist bekannt, wie Außenstehende/Nichtbetroffene den Konflikt beschreiben (z.B. ein Kollege, eine andere Abteilung, ein Lebenspartner)?

→ Wer profitiert aus Sicht der Betroffenen vom Konflikt, von der ungelösten Situation? Wer verliert?

→ Welche Bedeutung haben Sieg und Niederlage für die Betroffenen und für die Organisation?

Kontextuelle Anteile

→ Welcher Umgang mit Konflikten wird im betroffenen System gelebt. Welche Verhaltensweisen im Umgang mit Konflikten werden in der betroffenen Organisation geschätzt/belohnt?

→ Mit welchem Verhalten wird bestraft oder belohnt? Welche Muster im Umgang mit Spannungen kennt die Organisation?

→ Welche Bedeutung haben Aspekte wie Alter, Geschlecht, Hierarchie, Status etc. in der Organisation?

→ Gibt es bei den Konfliktparteien kulturelle Unterschiede (z.B. Religion, Nationalität, soziale Schichten etc.)? Wie wird damit umgegangen?

→ Spielen Rollen/Zugehörigkeiten einen wichtigen Part in der Organisation?

→ Welche Bedeutung haben in der Organisation Siege, Niederlagen und Gesichtsverlust? Wie wird mit Siegern und Verlierern umgegangen? Wie werden in der betroffenen Kultur Konflikte erfolgreich gelöst, wie Erfolge gefeiert?

Checkliste 3 – Zielfokussierung

→ Warum wurde der Konflikt bis jetzt nicht gelöst? Woher stammt die Energie für die Aufrechterhaltung des Konflikts? Wo in der Organisation fehlt die Energie, die im Konflikt gebunden ist? Welche Projekte etc. leiden darunter?

→ Wer müsste was tun, damit der Konflikt weiter bestehen bleibt?

Angenommen, es geschieht ein Wunder und morgen ist der Konflikt weggezaubert:

→ Woran wird es von wem erkannt? Von wem zuerst?

→ Was wäre dann am Arbeitsplatz, in den Beziehungen, in der Zusammenarbeit anders? Welche Aufgaben würden als Erstes erledigt, welche Entscheidungen zuerst umgesetzt?

→ Wer wäre besonders glücklich, für wen würde sich wenig ändern? Gibt es sogar Personen, die es bedauern würden?

→ Wer könnte was tun, um den Konflikt wieder herzustellen oder einen neuen Konflikt auszulösen?

Zieleingrenzungen

→ Wie viele mögliche Ziele gibt es bislang?

→ Haben die Betroffenen konkrete Vorstellungen von den Zielen?

→ Sind die Ziele für die Betroffenen attraktiv?

→ Wer sollte – aus Sicht der Betroffenen – den „ersten Schritt" für eine Veränderung gehen? Und wie sehe dieser erste Schritt aus?

→ Was wären mögliche Gefahren, Stolpersteine auf diesem Weg?

→ Wie würde die Zielerreichung erkannt, wie Abweichungen?

→ Welche Ressourcen und Unterstützung sind nötig, welche sind leicht erhältlich, wo gibt es Schwierigkeiten?

→ Wie stark sind die nächsten Schritte vom Verhalten der anderen Partei abhängig, wie groß ist die Autonomie der Einzelnen?

→ Welche Bedeutung haben Rückfälle, wie wird damit umgegangen?

Checkliste 4 – Vereinbarungen treffen

→ Sind das Ziel, die konkreten Schritte und die Kriterien für die Zielerreichung klar definiert?

→ Wird die Vereinbarung von allen verstanden und akzeptiert?

→ Sind mögliche „Hintermänner" und Rahmenbedingungen berücksichtigt?

→ Wie erfolgt die Begleitung der nächsten Phase? Welche Rolle haben die Betroffenen und der Transformer? Sind die „Spielregeln" festgelegt?

→ Welche Bedeutung haben entstandene Kränkungen und Verletzungen? Sind die Betroffenen in der Lage, damit umzugehen? Wurden begleitende Maßnahmen vereinbart?

→ Wurde über Verbindlichkeiten, Abweichungen, Irritationen, Rückfälle und mögliche Sanktionen gesprochen?

→ Welche Kontrollsitzungen, Kontrollinstrumente etc. wurden beschlossen? Wer kontrolliert die Kontrolle?

→ Wurden Rituale etc. vereinbart und werden sie durchgeführt?

→ Wie wird die Lösung positiv konnotiert? Wie kann Wertschätzung erreicht werden?

→ Wer gibt den Betroffenen Rückmeldung? Haben sie eine außenstehende Vertrauensperson?

6.5 Fragebogen F1

> „Nicht die Dinge an sich beunruhigen die Menschen,
> sondern ihre Meinung über die Dinge." – *Epiktet*

In herausfordernden, schwierigen und überraschenden Situationen entstehen bei Menschen Affekte und Emotionen. Sie sind Folge unserer inneren – oft sekundenschnellen – Bewertungen. Offenbar entscheiden dabei alle Menschen kulturübergreifend in einem ersten Schritt über die Merkmale: stark – schwach, aktiv – passiv und gut – böse.

Glücklicherweise haben wir Menschen gelernt, auch in angespannten Situationen anders zu reagieren. Trotzdem ist es wertvoll, zu wissen, wie Sie den aktuellen Konflikt in den oben erwähnten Bereichen einschätzen. Und wie vermuten Sie, werden Sie von den anderen gesehen?

1. In der aktuellen Situation ist meine/unsere Position eher:

    stark O O O O O O schwach

2. Wie vermuten Sie, wird Ihre Position von den anderen gesehen:

    stark O O O O O O schwach

3. In der aktuellen Situation ist meine/unsere Position eher:

    aktiv O O O O O O passiv

4. Wie vermuten Sie, wird Ihre Position von den anderen gesehen:

    aktiv O O O O O O passiv

5. Im aktuellen Streit muss der Gegner wie folgt eingeschätzt werden:

    gutartig O O O O O O gefährlich (böse)

6. Wie vermuten Sie, werden Sie von den anderen gesehen:

    gutartig O O O O O O gefährlich (böse)

Hallo und auf Wiedersehen!

Bevor wir uns von Ihnen verabschieden, möchten wir uns nochmals an Sie wenden. Wir hoffen, dass Sie das Buch gerne gelesen haben und sich Ihre Sichtweise von Konflikten und Krisen verändert hat. Es wäre schön, wenn Sie sogar schon neue Rollen in einem Konflikt ausprobiert haben. Somit hätte sich Ihre Handlungsfähigkeit bereits erhöht.

Falls Sie beim Lesen manchmal das Gefühl hatten, dass ja alles gut und schön klingt, aber für die Praxis doch zu schwierig ist, möchten wir Sie ermuntern, nicht aufzugeben. Es ist ja nicht nötig, dass Sie gleich alle Details der Konflikt-Transformation kennen und beherrschen. Das Buch ist schließlich eine umfassende Zusammenfassung und bietet neben dem gesamten erforderlichen Grundlagenwissen Hilfestellungen für alle möglichen Konfliktarten.

Es reicht daher, wenn Sie am Anfang einzelne Elemente anwenden: Hauptsache, Sie probieren das Gelesene aus. Es ist wie beim Autofahren. In der ersten Fahrstunde sind wir alle von den vielen Eindrücken und Anforderungen überfordert, aber langsam bekommen wir das Ganze in den Griff, es wird zunehmend selbstverständlich, und schließlich fahren wir entspannt durch die Gegend.

Kennen Sie die Geschichte von dem Mann mit dem blauen Mantel, das er wirklich sehr mochte? Es war sogar sein absoluter Lieblingsmantel. In einer speziellen Schutzhülle hat er ihn in seinem Schrank aufbewahrt und alle paar Wochen kontrolliert, ob die Motten den Mantel auch in Ruhe lassen. Nur getragen hat er ihn eigentlich nie. Was seine Erben mit dem blauen Mantel machten, ist leider nicht überliefert.

Also, experimentieren Sie mit den Instrumenten! Es wäre doch schade um all die neuen Ideen, die Sie für die Lösung Ihres drohenden oder bestehenden Konflikts bekommen haben. Nutzen Sie den Konfliktbaum zur Klärung, worum es bei einem konkreten Konflikt eigentlich geht. Beobachten Sie, wie die Beteiligten – auch Sie selbst – mit den deutlich gewordenen Unterschieden umgehen. Welcher „Filter" wird gewählt? Ist es ein Konflikt der offenen, verdeckten oder balancierten Unterschiede? Nutzen Sie den Dynamikkreis zur Beantwortung der Frage, welche Emotionen, Haltungen und Rollen im Spiel sind, welche Gefahren drohen? Und prüfen Sie, ob es ein

Konflikt mit bekannten und eingehaltenen oder mit gebrochenen Regeln ist. Oder ist es sogar ein Konflikt ohne Regeln?

Fragen Sie sich: Welches Verhalten von den Beteiligten – und natürlich auch von Ihnen – würde den Konflikt verschärfen und welches Verhalten würde neue Lösungen ermöglichen? Für die Umsetzung können Sie überlegen, welche Instrumente aus dem Werkzeugkasten geeignet sein könnten bzw. mit welchen Instrumenten Sie schon immer einmal arbeiten wollten.

Haben Sie den Mut, etwas Neues zu riskieren. Denken Sie daran, Sie können nicht *nicht* handeln. Auch wenn Sie nichts Neues probieren, beeinflussen Sie das anstehende Konfliktmanagement. Sie gestalten den bestehenden Konflikt dann mit altem Verhalten. Veränderungen sind meistens mit Anspannungen oder sogar mit Angst verbunden. Akzeptieren Sie das, wenn Sie etwas Neues riskieren. Sie gehören dazu. Und – feiern Sie Ihre Erfolge.

Wir hoffen, es ist deutlich geworden, dass das Konflikt-Transformations-Modell kein statisches Modell ist. Es hat sich aus unserer praktischen Arbeit entwickelt und basiert auf unserem theoretischen Wissen. Neue Erfahrungen und Erkenntnisse werden es auch zukünftig weiter verändern. Wir laden Sie gerne ein, sich an dieser Entwicklung zu beteiligen. Wenn Sie möchten, schreiben Sie uns, welche Erfahrungen Sie mit dem Modell gesammelt haben. Auch über Ihre Anmerkungen, Kritik oder Lob freuen wir uns. Sie erreichen uns über unsere Internetseite: www.konflikte.org, wo Sie regelmäßig neue Informationen und Interessantes zum Thema Konfliktmanagement finden.

Wir wünschen Ihnen neue Erfahrungen und Erkenntnisse und viel Erfolg im künftigen Umgang mit Konflikten.

Beatrice Conrad, Bernhard Jacob, Philipp Schneider

Literaturhinweise

Anderson, Tom: *Das reflektierende Team. Dialoge und Dialoge über Dialoge.* Verlag modernes Lernen, Dortmund 1990.
Bardmann, Theodor M. & Lamprecht, Alexander: *Systemtheorie verstehen. Multimediale Einführung in systemisches Denken.* CD, Gabler, Wiesbaden 1999.
Berkel, Karl: *Konfliktforschung und Konfliktbewältigung.* Wirtschaftspsychologische Schriften der Universitäten München und Augsburg.
Delhees, Karl H.: *Soziale Kommunikation.* Westdeutscher Verlag, Opladen 1993.
Foerster, Heinz von: *Einführung in den Konstruktivismus.* Piper, München 1997.
Gripp-Hagelstange, Helga; in: Bardmann, Theodor M. & Lamprecht, Alexander: *Systemtheorie verstehen. Multimediale Einführung in systemisches Denken.* CD, Gabler, Wiesbaden 1999.
Hofstetter, Rogger Yvonne: *Ausbildung in Mediation.* Master's paper to European Master in Mediation, 2002.
Hubschmid, Cristina Claudia: *Vertrauen im komplexen und organisationalen Arrangement.* Dissertation 2626, Universität St. Gallen. Difo-Druck GmbH, Bamberg 2002
Humboldt, Alexander von; in: Kruse, A.: *Bildung und Bildungsmotivation im Erwachsenenalter. Enzyklopädie der Psychologie.* F. Weinert & H. Mandl, Göttingen.
Königswieser, Roswita & Exner, Alexander: *Systemische Interventionen. Architekturen und Design für Berater und Veränderungsmanager.* Klett-Cotta, Stuttgart 2000.
Luhmann, Niklas; in: Bardmann, Theodor M. & Lamprecht, Alexander: *Systemtheorie verstehen. Multimediale Einführung in systemisches Denken.* CD, Gabler, Wiesbaden 1999.
MacLean, Paul; in: Hülshoff, Thomas: „*Wut im Bauch.*" Spektrum der Wissenschaft, Heft 2/2002.
Maturana, Humberto R. & Varela, Francisco: *Der Baum der Erkenntnis.* Scherz, München 1987.
Osgood, C.E.; May, W.; Mison, M.: *Cross-Cultural Universals of Affective Meaning.* University of Illinois Press 1975.
Osgood, C.E. et al. (Hrsg.): *The measurements of meaning.* University of Illinois Press 1957.
Pöhlmann, Simone & Roethe, Angela: *Die Streitschule. Trainieren Sie Ihre Kommunikations- und Konfliktfähigkeit.* Junfermann, Paderborn 2001.
Reps, Paul: *Ohne Wort – ohne Schweigen.* Otto Wilhelm Barth, München 1985.
Retzer, Arnold: *Passagen. Systemische Erkundungen.* Klett-Cotta, Stuttgart 2002.
Rosenberg, Marshall B.: *Gewaltfreie Kommunikation. Neue Wege in der Meditation und im Umgang mit Konflikten.* Junfermann, Paderborn [4]2003.
Roth, Gerhard: *Fühlen, Denken, Handeln.* Suhrkamp, Frankfurt a.M. 2001.
Simon, Fritz B.: *Die andere Seite der Gesundheit: Ansätze einer systemischen Krankheits- und Therapietheorie.* Carl-Auer-Systeme, Heidelberg 1995.
Simon, Fritz B. & Rech-Simon, Christel: *Zirkuläres Fragen. Systemische Therapie in Fallbeispielen: Ein Lehrbuch.* Carl-Auer-Systeme, Heidelberg 1999.
Vester, Frederic: *Denken, Lernen, Vergessen.* dtv, München 2002.
Walker, Wolfgang: *Abenteuer Kommunikation.* Klett Cotta, Stuttgart 1998.

Watzlawick, Paul: *"Soziale Kommunikation";* in Delhees, Karl-H.: *Was ist soziale Kommunikation.* Westdeutscher Verlag, Opladen 1994.
Watzlawick, Paul et al.: *Lösungen.* Hans Huber, Bern 1992.
Watzlawick, Paul et al.: *Menschliche Kommunikation.* Hans Huber, Bern 1996.

Das Beispiel mit dem Säbelzahntiger im Kapitel „Grundmuster und Affekte bei Entscheidungen im Konflikt", die Grundidee der Aufteilung der Beteiligten in drei Gruppen im Kapitel „Interventionen" und die „Goldene Regel für Gebrauchtwagenhändler" im Kapitel „Werkzeugkasten" basieren auf persönlichen Mitteilungen von Arnold Retzer, Heidelberg.

Personen- und Stichwortregister

A

Ablauf	63
Ablaufübersicht	122
Ablenken	40
Abschluss	77, 97
Affekte	23, 69f
aktiv Beteiligte	53
aktives Einmischen	54
Ambivalenzen	42, 45, 64
Analogie	61
Angriff	23, 100, 102
Angst	45
Angst vor Veränderungen	91
Anhang	119
Arbeitsvereinbarung	66, 68
Aristoteles	110
Aufrechterhaltung eines Konfliktes	53
Ausgangslage	64
autonome Systeme	51

B

balancierte Unterschiede	42, 45
Bateson, G.	111
Bedeutungsgebung	15
Beobachtung	109
Beobachtungsaufgaben	58
Beschreibungen	25, 55, 59
Besucher	52
betroffene Kläger	52
Bewertungen	25f, 55, 59
Beziehungen	34
Beziehungsfragen	36, 70
Beziehungsklärungen	20
Bilanz	77f, 97
Blitzlichter	81
Blockade	41
Brown, G.S.	117

C

Checkliste 1	125
Checkliste 2	127
Checkliste 3	129
Checkliste 4	130
Checklisten	125
Contracting	32, 66

D

Diagnoseinstrumente	71
Disziplinlosigkeit	40
dreieiniges Gehirn	99
Drittel-Regel	62
Duchamp, M.	39
Dynamikkreis	43, 70, 87, 121

E

eingeschränkte Wahrnehmung	38
Einstellungs- und Verhaltensänderungen	44
Einstieg	66
Einstieg des Transformers	125
emotionale Anteile	34, 36, 38, 127
Emotionen	23, 43, 68ff
entweder – oder	41, 45
Erfahrungsspeicher	101
Erklären	25
Erklärungen	55, 59
Erregung	100
Eskalation	70, 76, 91, 93

F

fehlendes Vertrauen	20
Filterwahl	38ff, 42, 65, 70, 75, 87, 120
Flexibilität	46, 103
Flucht	23, 40, 100, 102
Förster, H. von	115
Fragebogen	131

Fragen	55	Konstruktivismus	116
Frustration	40, 45	Kontextklärung	67
		kontextuelle Anteile	34, 36, 128
		kontextuelle Prägungen	101
G		Kontextveränderung	60
Gefühle	34	Kontrollfragen	123
Gehirnforschung	99	Kooperationen	45
Geschichten	61	Kosten-Nutzen-Analyse	101
Gesichtsverlust	93	Krise	17f
gestörte Kommunikation	20	Krisenmanagement	17f
Gewalt	45	kulturelle Anteile	38, 86
Glaubwürdigkeit	46	kulturelle Bedeutungen	34, 69
Gleichwertigkeit	46ff	kulturelle Hintergründe	68, 92
Gripp-Hagelstange, H.	110	kulturelle Prägung	36
Großhirn	101	Kybernetik	112
Grundmuster	23	Kybernetik 1. Ordnung	112
		Kybernetik 2. Ordnung	114f

H

Handlungsunfähigkeit	20	**L**	
Hektik	40	Lähmungserscheinungen	40
Humor	62	Lernen	103
		Limbisches System	100
		Luhmann, N.	110

I

Ideen sähen	57	**M**	
Information	105	Machtfragen	20, 36, 70
Instinkte	100	*MacLean, P.D.*	99f
Interventionen	29, 51, 67, 90	*Maturana, H.R.*	117
		Metaphern	61
		Mitteilung	105

K

Kast, V.	101	**N**	
Kommunikation	105f	Nebenschauplätze	34, 40
Kommunikationsgestaltung	107	Nebenwirkungen	76
Kommunikationspyramide	108	Neuronen-Verbindungen	103
Kommunikationssysteme	107	Niederlage	41
Kompromisse	45		
Konflikt der balancierten Unterschiede	16	**O**	
Konflikt der offenen Unterschiede	16, 92	offene Unterschiede	41
Konflikt der verdeckten Unterschiede	16, 90	Opfer-zu-Tätern	56
Konflikt mit eingehaltenen Regeln	30	Optionen	75
Konflikt mit gebrochenen Regeln	30f	*Osgood, C.E.*	23, 44, 69
Konflikt mit unbekannten Regeln	30f		
Konfliktauslöser	20	**P**	
Konfliktbaum	34f, 70, 84ff, 119	paradoxe Interventionen	60, 91
Konfliktdiagnose	68, 87, 91, 127	Passivität	40
Konfliktdynamik	29		
Konfliktgeschichte	12, 21		
Konfliktmanagement	19, 21		
Konfrontation	45		

Perspektivenwechsel	54
Phase 1	64
Phase 2	65
Phase 3	66, 81
Phase 4	68, 84
Phase 5	71, 89
Phase 6	74, 95
Phase 7	76
Phase 8	77, 97
Phasen	63
Positionierung	59
positive Bewertung	57
Problem	17
Proust, M.	21
Provokation	59
Prozess	63
psychosomatische Beschwerden	40

R

Rahmenbedingungen	67, 125
Rangfolgen	55
Reflexe	23, 38, 100
Reps, P.	62
Reptiliengehirn	100
Resignation	45
Respektlosigkeit	48
ressourcenorientierte Fragen	56
Retzer, A.	62
richtig – falsch	41
Ritual	60f, 97
Rollen im Konflikt	28
Roth, G.	104
Rückfall	75f

S

sachliche Anteile	36, 127
Scheinlösungen	75
schwierige Situation	17
Selbstorganisation	112
Selbstwahrnehmung	44
Sextus Empiricus	47
Sieg	41
Simon, F.	62
Skalierungen	55
Sowohl-als-auch	42, 45, 59
soziale Systeme	107
Spielregeln	67
Spielregeln im Konflikt	30
Spinoza, B.	104

Standortbestimmung	43
Stress	40
Suchprozesse	60, 62
symmetrische Eskalation	41
systemisches Verständnis	110
Systemtheorie	51, 111

T

theoretischer Hintergrund	99
Tiefenstruktur	36, 85
Transformer	46
Transparenz	46
Trauer	45
triviale Maschinen	51

U

Umdeutungen	59
Unabhängigkeit	46ff
Unlust	40
Unterbrechung	54
Unterdrückung	45
Unternehmenskultur	36
Unterschiede	12
Unwohlsein	40

V

verdeckte Unterschiede	39
Verdrängen	40
Vereinbarungen	74f, 95
Vereinbarungen treffen	130
Verflüssigungsfragen	56
Verführungen	54
Verhaltensaufgaben	58
verhandelbare Optionen	54, 73, 76, 91
Vermeiden	40
Vernichtung	41
Verstehen	105
verzerrte Wahrnehmung	20
Verzweiflung	45
Vorurteile	69

W

Wahrnehmung	25, 109
Watzlawick, P.	105, 116
Weder-noch	39, 45
Werkzeuge	119
Werkzeugkoffer	55

Werte	69
Wertung	109
Wertvorstellungen	34, 36
Wilde, O.	34
Wunderfrage	56

Z

Zielfindung	73
Zielfokussierung	71, 89, 129
zirkuläre Fragen	56
Zusammenprall	15, 64

Die Autoren

Basierend auf ihren langjährigen Erfahrungen als Berater, Coaches und Vermittler in Profit-Unternehmen und Non-Profit-Organisationen haben die Autoren das *Konflikt-Transformations-Modell* gemeinsam entwickelt.

Beatrice Conrad

Ausbildungsleitung am IEF, Institut für systemische Entwicklung und Fortbildung (www.ief-zh.ch), Netzwerkpartnerin der ID Fabrik (www.id-fabrik.ch).
Sie ist selbstständig als Beraterin für Veränderungs- und Entwicklungsvorhaben in Organisationen, u.a. in den Bereichen Konfliktmanagement, Qualitätsmanagement und Teamentwicklung. Sie arbeitet als Coach, Trainerin und Gastdozentin an Fachhochschulen in Deutschland und der Schweiz.

Bernhard Jacob

ist Diplom-Psychologe. Er arbeitet in eigener Praxis als Berater, Psychotherapeut und Supervisor im Psychologischen Zentrum Gelnhausen (www.pzg.de) und als Lehrbeauftragter im Fachbereich Sozialwesen.
Seine Arbeitsschwerpunkte sind Konfliktmanagement, Supervision, Coaching, Sucht- und Dopingprävention. Er ist Mitbegründer des interdisziplinären Teams PFIFF (www.dopingpraevention.de).

Philipp Schneider

war 15 Jahre als Familientherapeut und Supervisor tätig. 1984 Gründung der Unternehmensberatung „ID Fabrik für menschliche Phänomene AG" mit den Schwerpunkten Organisationsentwicklung, Qualitätsmanagement, Coaching und Konfliktmanagement (www.id-fabrik.ch). Entwicklung des „Forum-Theaters für Manager" mit dem Regisseur Henrique König. Seit 1995 Projektleiter an der Universität St. Gallen sowie Dozent und Projektleiter an der Berner Fachhochschule HSA.

Die Schatzkiste für Ihr Team

220 Seiten, kart.
€ (D) 18,00
ISBN 3-87387-346-X

Der Leser findet in diesem Praxishandbuch eine modifizierte Auswahl bestehender sowie neu entwickelter Interaktionsübungen, deren kommunikative und interaktionistische Sichtweise über ein hohes Maß an kreativen Anteilen verfügt. Die Auseinandersetzung mit Konflikten, Rollen, Leistungsstilen usw. soll zu einer Aktivierung der Selbst- und Fremdwahrnehmung eines jeden Gruppenteilnehmers mit dem Ziel des Transfers führen. Das Buch wendet sich an Mitarbeiter, die im psychosozialen Bereich tätig sind. Dazu gehören ErzieherInnen, Heil- und SozialpädagogInnen, SozialarbeiterInnen, PsychologInnen und TherapeutInnen, PädagogInnen (ErziehungswissenschaftlerInnen, LehrerInnen), SozialwissenschaftlerInnen.
Ein optisch ansprechend aufbereitetes und übersichtliches Übungsbuch – Fundgrube für den Praktiker. Bestseller!

Dr. Helmar Dießner, geb. 1952 in Zittau. Studium der Sozialpädagogik und der Erziehungswissenschaften an der Universität Duisburg, seit 1982 in der Erziehungsberatung tätig. Gruppentherapeut, Gruppentrainer, Fortbildner, Künstler.

www.junfermann.de
www.active-books.de

JUNFERMANN • Postfach 1840 • D-33048 Paderborn
eMail: ju@junfermann.de • Tel. 0 52 51/13 44 0 • Fax 0 52 51/13 44 44

Gehen Sie auf (geistige) Abenteuer-Reise...

240 Seiten, kart.
€ 24,90 [D]
ISBN 3-87387-493-8

Mehr als 350.000 Menschen haben Vera F. Birkenbihl bisher in Vorträgen und Seminaren live erlebt – und weit mehr im Fernsehen („ALPHA" – BR 3). Mit ihrer unnachahmlichen Art, auch sehr komplexe Zusammenhänge spannend und nachvollziehbar darzustellen, ist sie eine der gefragtesten Referenten in Europa. Alle, die immer schon wissen wollten, wie Vera F. Birkenbihl denkt, wie sie scheinbar Zusammenhangloses verbindet und gekonnt (oft humorvoll) präsentiert, werden in diesem Buch erfahren „wie es geht".

Die in diesem (geistigen) Abenteuer-Buch beschriebenen Analograffiti-Denk-Werkzeuge sind in besonderem Maße geeignet, Ihnen spannende Entdeckungen Ihrer eigenen Gedanken zu ermöglichen. Das vorliegende Buch ist nach Vera F. Birkenbihls eigener Aussage ihr „wichtigstes Buch nach ‚Stroh im Kopf?'".

Vera F. Birkenbihl zählt zu den führenden europäischen Trainern und gehört gleichzeitig zu Deutschlands (heimlichen) Bestseller-Autoren mit insgesamt über zwei Millionen verkaufter Exemplare. Sowohl in ihren Vorträgen und Seminaren als auch in ihren Büchern folgt sie konsequent ihrem Grundprinzip, die Inhalte gehirn-gerecht, d.h. entsprechend der Arbeitsweise des Gehirns (= leicht verständlich, unterhaltsam und populär) darzubieten.

www.junfermann.de
www.active-books.de

JUNFERMANN • Postfach 1840 • 33048 Paderborn
eMail: ju@junfermann.de • Tel. 0 52 51/13 44 0 • Fax 0 52 51/13 44 44

Worte können Fenster sein...

208 Seiten, kart., € 18,– [D]
ISBN 3-87387-454-7

Man kennt es aus dem Alltag, sei es im Privatleben oder im Beruf: Ein Streit kann so ausarten, daß man sein Gegenüber mit Worten verletzt – oder daß man selbst verletzt wird. Manchmal dauert es dann sehr lange, bis solche Verletzungen heilen. Wie kann man sich auch in Konfliktsituationen so verhalten, daß man sich seinen Mitmenschen gegenüber respektvoll verhält und gleichzeitig die eigene Meinung vertreten kann – und zwar ohne Abwehr und Feindseligkeit zu erwecken? Geht das überhaupt?
Man kann es lernen – mit dem Modell der Gewaltfreien Kommunikation. Die Methode setzt darauf, eine Konfliktsituation genau zu beobachten, unsere eigenen Gefühle auszusprechen, die Bedürfnisse hinter diesen Gefühlen aufzudecken, und dann den anderen zu bitten, sein Verhalten dementsprechend zu überdenken und zu ändern. Ehrlichkeit, Empathie, Respekt und Zuhören-Können stehen dabei im Vordergrund. Mit Hilfe von Geschichten, Erlebnissen und beispielhaften Gesprächen macht Marshall Rosenberg alltägliche Lösungen für komplexe Kommunikationsprobleme deutlich.

Dr. Marshall B. Rosenberg ist international bekannt als Konfliktmediator und Gründer des internationalen Center for Nonviolent Communication in den USA. Er lehrt in Europa und den USA und reist regelmäßig in Krisengebiete, wo er Ausbildungen und Konfliktmediationen anbietet.

www.junfermann.de
www.active-books.de

JUNFERMANN • Postfach 1840 • 33048 Paderborn
eMail: ju@junfermann.de • Tel. 0 52 51/13 44 0 • Fax 0 52 51/13 44 44